Neelsen

Reinhold Ruthe

Wir lösen unsere Eheprobleme selbst

15 Regeln für ein harmonisches Zusammenleben

Aussaat Verlag Neukirchen-Vluyn

ABCteam

Bücher, die dieses Zeichen tragen, wollen die Botschaft von Jesus Christus in unserer Zeit glaubhaft bezeugen.

ABCteam-Bücher erscheinen in folgenden Verlagen:
Aussaat Verlag Neukirchen-Vluyn/R. Brockhaus Verlag Wuppertal
Brunnen Verlag Gießen/Bundes-Verlag Witten
Christliches Verlagshaus Stuttgart/Oncken Verlag Wuppertal
Schriftenmissions-Verlag Neukirchen-Vluyn

Umschlag: Gerd Meussen, Essen
Druck: Bundes-Verlag, Witten
ISBN: 3-7615-2323-8

Inhaltsverzeichnis

Vorwort

Eheprobleme kommen bei Christen und Nichtchristen vor. Wer nie Probleme hat und sieht, macht sich in der Regel etwas vor. Er betrügt sich, seinen Partner, seine Familie und Gott. Konflikte sind menschlich, und sie sind auch lösbar, wenn beide Partner ernstlich wollen und Gott in rechter Weise um seinen Beistand bitten.
Wie kommt es nun, daß viele Ehen — auch die von Christen — zunehmend unharmonischer und schwieriger werden? Einige Fehler, die ich in der Beratungspraxis beobachtet habe, will ich hier aufzeigen.

Die Probleme werden verleugnet
Besonders Christen decken oft lieber Probleme zu, als sie voreinander und vor Gott offenzulegen. Sie wollen Auseinandersetzungen und Häßlichkeiten vermeiden und schieben sie in den Untergrund, wo sie das Zusammenleben lähmen.

Klagen werden als ungeistlich eingestuft
Christen dürfen nicht klagen — das glauben nicht wenige. Wenn Gott mit ihnen geht, haben sie keinen Grund zu jammern. Auf diese Weise werden Eheprobleme vertuscht. Konflikte werden ignoriert oder nicht bearbeitet, denn wer klagt, hat den Eindruck, gegen Gott zu rebellieren.

Gespräche werden als Problemverstärker gewertet
Christen wollen *zu Gott* beten, aber nicht *untereinander* als Lebenspartner reden. Dahinter steckt die Angst, eine Sache würde zerredet und die Auseinandersetzungen würden geschürt. Die Partner vermeiden den offenen Streit, aber auch den aktiven Frieden.

Gebete werden als Alibi eingesetzt
Viele Menschen beten für die Ehe auf eine falsche Weise. Sie erwarten, daß Gott wie mit einem Zauberstab ihre Konflikte auflöst. Die Heilung der Ehe soll wie ein fertiges Geschenk ohne eigenes Zutun beiden in den Schoß fallen. Solche Gebete verhindern die Arbeit an der Beziehung und decken eigene Fehler zu. Hilfreiche Gebete bitten Gott um Einsicht über konkrete Versäumnisse

und Fehlhaltungen und um Beistand, in Seinem Namen eine Kurskorrektur zu beginnen.

Auf den folgenden Seiten geht es nicht in erster Linie um Fehler, sondern um konstruktive Regeln, wie das Eheleben verbessert werden kann. Jeder Abschnitt enthält drei Schwerpunkte:

— *einen Kommentar zur Regel,*
— *ein Beispiel aus der Praxis,*
— *einige Fragen zur Selbstprüfung.*

Diese Regeln sind für Ehepartner gedacht,

— die ihre Beziehungsstörungen nicht verleugnen und verdrängen möchten,
— die Mängel im Zusammenleben aufgreifen und durchschaubar machen wollen,
— die ernsthaft bemüht sind, selbstverursachte Schwierigkeiten in Angriff zu nehmen,
— die aus eigener Kraft, aber mit Gottes Hilfe Schritte zur Lösung beabsichtigen.

Stimmen Sie als Leser damit überein, sollten Sie folgende Hinweise bedenken, wie Sie das Buch benutzen können:

1. Beginnen Sie mit *einer* Regel, von der Sie glauben, daß sie Ihre Lage am besten kennzeichnet!
2. Versuchen Sie nicht, mehrere Regeln gleichzeitig in Angriff zu nehmen. Sie überfordern sich, wollen zuviel und sind enttäuscht, wenn Ihr Vorhaben Schiffbruch erleidet.
3. Beginnen Sie! „Der Weg zur Hölle ist mit *guten Vorsätzen* gepflastert!" Wer wagt, gewinnt! Jeder Erfolg liegt nur im *Tun*.
4. Geben Sie nicht auf, wenn die Ehe nach 14 Tagen noch kein Flitterwochenflair zeigt. Was jahrelang die Beziehung belastet hat, kann nicht im Handumdrehen vom Tisch gefegt werden.
5. Glauben Sie daran, daß Ihr Bemühen Erfolg hat! Schon die Bibel sagt, daß der Glaube Berge versetzt. Haben Sie zu Ihrem Veränderungsbemühen kein Vertrauen, können Sie auch nicht überzeugt Gott um Beistand bitten.

Wuppertal, im Sommer 1983 — Reinhold Ruthe

Regel 1:

Wir können Konflikte in der Ehe verringern, wenn wir wollen

Eheschwierigkeiten können nur verbessert werden, wenn beide Partner *wollen*. Von selbst lösen sich keine Probleme. Sie können zwar
— verdrängt,
— verleugnet,
— unter den Teppich gekehrt,
— totgeschwiegen werden,
aber sie sind nicht begraben oder verschwunden. Sie leben weiter und tyrannisieren die Eheleute aus dem Untergrund.

Wenn wir die Hilfe von draußen erwarten

Viele Menschen setzen ihre Hoffnung darauf, durch Hilfe von *draußen* geheilt zu werden. Sie bauen darauf, durch richtige Methoden, gute Ärzte, optimale Lebensbedingungen und effektive Behandlungstechniken geändert, verbessert und geheilt zu werden. Sie *glauben*,
— wenn die richtigen Mittel verschrieben werden,
— wenn sie die richtige Atmung gelehrt bekommen,
— wenn sie den optimalen Arzt erwischen,
— wenn ein tüchtiger Therapeut zur Verfügung steht,
— wenn die gesellschaftlichen Verhältnisse geändert werden,
können sie glückliche und zufriedene Menschen werden. Die Mittel oder helfenden Menschen wirken dann Wunder. Der Behandelte selbst braucht nichts zu tun. Er kann bleiben, wie er ist. Er überläßt sich dem Zauberstab, den ein tüchtiger Mensch schwingt, um die ungünstigen Charakterzüge mit einer Handbewegung verschwinden zu lassen. In dieser Grundhaltung kommen Menschen zum Arzt, gehen Klienten in die Beratungspraxis.
„Sie können mir die Störung wegnehmen!"
„Ich wünsche mir, daß Sie die Konflikte aus meiner Persönlichkeit herausoperieren!"
„Sie wissen am besten, was mit meinem Partner los ist, therapieren Sie mal seine Symptome!"
„Wir können nicht mehr miteinander reden, liefern Sie mir mal

den sicheren Tip, damit die Kommunikation wieder floriert."
Nein, so geht es nicht. Beratung ist Hilfe zur Selbsthilfe. Die Regeln dieses Buches sind Anregungen zur *Selbsterziehung*. Es bietet Hinweise, die praktiziert und ausprobiert werden wollen. Aber: Jeder entscheidet für sich, ob er will.

Wir können, wenn wir wollen

„Ich kann, wenn ich will!"
Diese These fand ich als Buchtitel. Ein Psychiater und ein Therapeut geben in dem Büchlein Anleitungen zur psychologischen Selbsthilfe. Der Buchtitel ist übrigens geschickt graphisch aufgemacht. Da heißt es:
— **Ich** kann, wenn ich will;
— ich **kann,** wenn ich will;
— ich kann, **wenn** ich will;
— ich kann, wenn **ich** will;
— ich kann, wenn ich **will.**
Ein Mensch, der nicht *will,* findet tausend Ausreden, um nicht zu müssen. Er sagt, daß er nicht *kann.* Er glaubt auch, daß er nicht fähig ist. Dieses Nicht-können-Wollen verläuft unbewußt. Er braucht eine glaubhafte Ausrede für sich, um nicht zu müssen. Wie aber hängen Können und Wollen zusammen? Wer nicht kann, versteckt sich hinter unüberwindlichen Schwierigkeiten, die er sich aufbaut:
Ich kann nicht,
— weil die Erbanlagen schuld sind;
— weil die Eltern schuld sind;
— weil die eheliche Situation völlig verfahren ist.
Eheleute, die nicht können,
— trauen sich nichts zu,
— schieben Entschuldigungen vor,
— wollen kein Opfer für Veränderungen bringen.
Selbst wenn wir uns mit Pessimismus vollgesogen haben, wenn der Glaube an die eigenen Fähigkeiten gering ist, können wir uns erfolgreich verändern,
— wenn wir *wollen,*
— wenn wir *beginnen,*
— wenn wir einen unangenehmen Fehler *in Angriff nehmen.*
Wer ernsthaft *will,* der wird konsequent mit Veränderungen in sei-

nem Leben *beginnen*. Der Erfolg wird ihn ermutigen. Ist er von der Richtigkeit der Veränderung überzeugt, kann er um die Kraft Gottes bitten. Er hofft und wird nicht vom Zweifel zerfressen, der die Veränderung blockiert.

Wollen die Eheleute wirklich?

Frau Röder und Herr Röder sind Christen. Sie gehen regelmäßig zum Gottesdienst und lesen ihre Bibel. Aber beide sind so eigenwillig, daß ihre Ehe ein unfruchtbares *Nebeneinander* und kein konstruktives Miteinander darstellt. Sie gehen sich aus dem Wege und vermeiden harte Zusammenstöße. Beide bekämpfen sich nicht und werfen sich auch keine Bosheiten an den Kopf. Nach außen hin ist alles in Ordnung, und die Gemeindeglieder wissen kaum, daß es bei ihnen erheblich kriselt. Ich frage beide, was sie bisher getan haben.

Er antwortet arglos:

„Wir haben gebetet, Gott möchte unsere Ehe retten."

Ich: „Haben Sie zusammen gebetet und das Problem vor Gott gebracht?"

Sie: „Nein, wir beten nicht mehr gemeinsam. Unsere Spannungen sind zu groß. Aber ich weiß, jeder spricht täglich im Gebet diese Schwierigkeiten an."

Ich: „Wenn Sie erlauben, würde ich gern wissen, wie Sie das Gebet formulieren."

Beide schauen sich an, und der Mann ergreift das Wort: „Ja, ich kann das offen sagen. Christen haben nichts zu verbergen. Ich bete sinngemäß so: ‚Herr, Du siehst unsere Ehe. Wir können nicht mehr harmonisch miteinander umgehen. Hilf, daß alles so wird, wie Du es haben willst!'"

Ich: „Frau Röder, ist es unangemessen, wenn ich Sie auch frage, was Sie täglich beten?"

Sie: „Ich stelle fest, ich bete so ähnlich. ‚Herr, Du kennst unsere Probleme am besten. Vergib uns unsere Schuld. Wir wollen Deine Kinder sein, mache unsere Partnerschaft wieder neu', oder so ähnlich."

Ich: „Und was haben Sie sonst getan?"

Beide schweigen.

Was macht das Ehepaar Röder falsch?

1. Sie beten und legen ihre Hände in den Schoß. Sie erwarten, daß

Gott ihnen eine neue harmonische Ehe schenkt, ohne daß beide an sich arbeiten und sich verändern. Gott tut Wunder, aber eine erneuerte Ehe braucht erneuerte Partner.

2. Sie beten um Vergebung, ohne konkret ihre Schuld zu bekennen. Wie kann eine erneuerte Ehe zustande kommen, wenn nicht beide ihre *konkreten* Sünden, ihr konkretes Fehlverhalten bekennen und ändern wollen? Wie kann Gott vergeben, wenn bei uns alles beim alten bleibt?

3. Sie beten für ihre Ehe, statt Gott um Hilfe für ihre konkreten Verhaltensänderungen zu bitten. Beide Ehepartner bitten Gott nicht, ihnen konkret zu sagen,

— *wo* sie selbst einsetzen müssen,
— *was* sie falsch machen,
— *wie* sie nach biblischen Prinzipien besser ihre Ehe gestalten können.

Sie legen die Hände in den Schoß und warten, daß Gott wie mit einem Zauberstab die Schwierigkeiten wegwischt. Menschlich gesprochen verbauen sie mit ihrer Passivität dem Heiligen Geist die Möglichkeit, in ihr Leben einzugreifen.

Wo können die Eheleute ansetzen?

Wie können sie ermutigt werden, neue Wege zu beschreiten?

Reden ist gut, handeln ist besser

Viele Leute glauben, sie müßten ständig über ihre Probleme *reden.* Das gemeinsame Gespräch ist nicht unwichtig, aber das Handeln ist wichtiger. Wie kommt es, daß viele Menschen sich nicht ändern?

— Sie erkennen ihre Probleme gar nicht. Deshalb leiden sie, tun aber nichts.
— Sie wollen über ihre Probleme *diskutieren,* aber sie wollen keine Korrektur in Angriff nehmen.
— Sie leben nach dem Grundsatz: „Wasch mich, aber mach mich nicht naß!“
— Sie klagen sich und anderen ihr Leid, schauen auf die Probleme, beschreiten aber keine neuen Wege für ein besseres Zusammenleben.

Darum sagt Jesus am Schluß der Bergpredigt, nachdem er die

Leitlinien für ein christliches Leben vorgestellt hat:
„Wer diese meine Worte hört und *danach handelt*, ist wie ein kluger Mann, der sein Haus auf Fels baute ... Wer aber meine Worte hört und nicht danach handelt, ist wie ein unvernünftiger Mann, der sein Haus auf Sand baute" (Matthäus 7, 24—26).
Zwischen Hören und Tun, zwischen Reden und Handeln können Welten klaffen. Über Christus reden und ihm nachfolgen, sind zwei verschiedene Dinge. Im ehelichen Leben ist es ähnlich. Erst wenn zwei Menschen ernsthaft wollen und neue Umgangsformen eintrainieren, beginnt die Änderung. Wer dieses Buch *liest* und nur darüber diskutiert, läßt alles beim alten. Wer dieses Buch liest und einige Regeln in die Tat umsetzt, wird seine eheliche Partnerschaft verbessern.

„Unmöglich" — ein unmögliches Wort

Diese Überschrift fand ich in dem Seelsorgebuch von Jay Adams, der den Christen zuruft, Probleme in die Hand zu nehmen und mit Christus die Schwierigkeiten zu lösen.
„Dies tritt in der Seelsorge immer wieder an den Tag. Der Hilfesuchende, der schreit ‚Ich kann nicht! Ich bin machtlos!', unterwirft sich ganz einfach der Herrschaft der Sünde in einer verdrehten Welt, die sich gegen ihn stellt. Der Christ hat kein Recht, sich so zu verhalten ... Nichts tun bedeutet, den Dingen ihren Lauf zu lassen. Sucht man keine biblischen Lösungswege, dann erlaubt man den sündhaften Umständen weiterhin, den Ton anzugeben, aber damit steht man im Widerspruch zu dem Auftrag, den Gott uns gegeben hat ..." Das ist der springende Punkt: Wer sich hilflos stellt und vor den Problemen seiner Ehe kapituliert, unterwirft sich der Herrschaft der Sünde. Er zweifelt an Gottes Macht und an seinen Lösungsmöglichkeiten, die er uns in seinem Wort anbietet. Christen müssen die Dinge nicht laufen lassen und sich anpassen. Sie können Verhaltensänderungen für möglich halten. Sie wissen, daß Gott glückliche und zufriedene Ehen will; darum ist *„unmöglich" ein unmögliches Wort*.
Wir gehen davon aus, daß kein Mensch über Gebühr versucht wird; der lebendige Gott gibt ihm die Kraft, Widerstände, Versuchungen und Probleme zu meistern. Christen haben die Verheißung — und sie gilt auch für die eheliche Partnerschaft: „Alles vermag ich durch den, der mich stark macht, Christus" (Philipper 4, 13). Wer in Seinem Namen Schwierigkeiten löst und mit der Kurskorrektur *beginnt*, erfährt die Kraft des Heiligen Geistes.

FRAGEN ZUR SELBSTPRÜFUNG

Bin ich der Meinung, daß unsere Ehe problemlos glücklich ist?

Kann es sein, daß mein Partner die Ehe ganz anders einschätzt?

Nehme ich die Wünsche, Fragen und Probleme meines Lebensgefährten ernst, oder fege ich sie unter den Teppich?

Glaube ich daran, daß Verbesserungen in unserer Partnerschaft möglich sind, oder habe ich die Hoffnung aufgegeben?

Wenn Schwierigkeiten in der Ehe bestehen: Kann ich meinen Anteil konkret nennen, oder schiebe ich die Schuld auf den Partner, auf schwierige Umstände und auf Außenstehende?

Kann ich als Christ den Satz unterschreiben, daß „unmöglich — ein unmögliches Wort" ist?

Woran liegt es, daß ich zur Kurskorrektur keine ernsthaften Schritte unternehme?

Kann es sein, daß ich als Christ zwar meine Eheprobleme mit ins Gebet einschließe, aber ansonsten keine Klärungen versuche?

Wenn ich überzeugt bin, daß ich aus eigener Kraft nichts ändern kann: Bin ich bereit, einen Eheberater oder Seelsorger aufzusuchen?

Regel 2:

Wir bejahen, daß bei allen Problemen beide Partner beteiligt sind

Alle Konflikte und Probleme sind *zwischenmenschliche* Konflikte und selten *binnenseelischer* Natur.
Sie erwachsen aus dem *Zusammenleben*. Schon das Wort Konflikt (Zusammenstoß) macht deutlich, daß zwei oder mehrere Partner zusammenstoßen.

☐ Zum Streiten gehören *zwei;*
☐ zum Ärgern gehören *zwei;*
☐ zum Kämpfen gehören *zwei.*

Aber auch:

☐ Zur Harmonie gehören *zwei;*
☐ zur Zufriedenheit gehören *zwei;*
☐ zum Angenommensein gehören *zwei.*

Im Guten und Bösen spielen sich zwei Menschen in die Hände. Einer wirft dem andern den Fehdehandschuh hin, der andere greift ihn auf und läßt sich in den Streit hineinziehen. Genauer: Er hat sich — bewußt oder unbewußt — für den Streit entschieden. Die Ausrede zählt nicht:

— Der *Partner* hat mich provoziert;
— der *Partner* wollte unbedingt mit mir streiten;
— der *Partner* ließ mich nicht in Ruhe.

Ich kann klar und deutlich zu verstehen geben, daß ich nicht streiten will.

Mann und Frau arrangieren ein Hand-in-Hand-Spiel

Es gibt nicht nur ein Zusammenspiel von Menschen, die sich mögen. Auch Gegner treffen eine Übereinkunft, wie sie miteinander umgehen wollen. Das klingt kaum glaubhaft, entspricht aber der Realität. Ein Beispiel:
Die Frau *redet* auf ihren Mann ein, der zieht sich *schweigend* zurück. Je schweigsamer der Mann, desto forcierter das Reden der Frau. Ich kann das auch so ausdrücken: Je forcierter die Frau redet, desto schweigsamer wird der Mann. Beide haben eine

schmerzliche Übereinkunft getroffen. Es handelt sich um eine unausgesprochene Abmachung, auf die sich beide ständig einlassen. Ein Psychotherapeut beschreibt ebenfalls ein Beispiel „vollkommener Kooperation“, wie er das nennt:

„Nehmen Sie zum Beispiel den Fall, in dem ein kleines Mädchen auf dem Gehweg einer ruhigen Straße spielt. Die Mutter tritt ans Fenster im 3. Stock und ruft, während ein Passant vorbeigeht: ‚Marie, komm herauf, das Essen ist fertig!‘ Es geschieht indessen nichts, und der Vorübergehende sieht sich neugierig um und wartet, was nun kommt. Nach wenigen Minuten erscheint die Frau wieder am Fenster und ruft: ‚Marie, komm herauf. Das Essen ist fertig!‘ Wieder erfolgt nichts. Nachdem die Mutter dreimal nach dem kleinen Mädchen gerufen hat, fragt der Passant es: ‚Heißt du Marie?‘ Das kleine Mädchen sagt: ‚Ja, ich heiße Marie.‘ ‚Und war das eben deine Mutter?‘

‚O ja.‘ ‚Hast du sie gehört?‘ ‚Ja, freilich.‘ ‚Warum bist du nicht hinaufgegangen?‘ ‚Weil sie noch nicht geschrien hat.‘ Das ist ein Beispiel vollkommener Kooperation.“[1]

Die Mutter und Marie wissen beide genau, daß sie erst kommt und kommen soll, wenn die Mutter schreit. Beide halten sich an die unausgesprochene Übereinstimmung. Mutter und Kind unterhalten ein perfektes Hand-in-Hand-Spiel. Der Therapeut versucht dieses Hand-in-Hand-Spiel auch am menschlichen Dialog aufzuzeigen. Wenn man nur die Rolle eines Schauspielers abliest, die des anderen aber nicht, ist der Dialog sinnlos. Rede und Gegenrede gehören zusammen. Und so beinhalten hilfreiche oder häßliche Dialoge immer ein Zusammenspiel von zwei Menschen. Solche Hand-in-Hand-Spiele haben einen *Nutzeffekt*. Zwei Menschen brauchen einander, um sich auf ihre Weise zu verständigen. Mann und Frau spielen Hand in Hand und finden ungewollt in ihren Verhaltensweisen Befriedigung. Findet der eine im *Leiden* Bestätigung, benutzt der andere vermutlich tyrannische Züge. Das Unbewußte führt Regie und bringt Menschen zusammen, die sich ergänzen. So spielt der eine den Hilflosen, Schwachen und Unverantwortlichen, und der andere ist glücklich, daß er Fürsorge, Verantwortung und Betreuung übernehmen darf.

Es ist schwer für diese Ehepaare, eine solche „vollkommene Kooperation“ zu erkennen und zu durchschauen. Noch schwerer ist es, diese unausgesprochene Übereinstimmung abzubauen, denn jeder zieht seinen Nutzen daraus.

Was können die Eheleute verändern?

Wie können sie ein destruktives Hand-in-Hand-Spiel unterbrechen?

Ich ändere mich und nicht den anderen

So lange ich davon überzeugt bin,
— daß der *andere* den Streit begonnen hat,
— daß der *andere* die Hauptschuld trägt,
— daß der *andere* mich so angreift, daß ich zurückschlagen muß,
wird das Spiel nicht unterbrochen. Das Arrangement bleibt. Will ich etwas ändern, muß ich mir klarmachen, daß ich nicht das *Opfer*, sondern der Handelnde in einem Zusammenspiel bin. Opfer werden behandelt, sie fühlen sich machtlos. Bei Konflikten in der Ehe gibt es aber zwei Handelnde. Und die Hilfe für eine Verringerung der Spannung besteht darin, daß *ich mich ändere*. Wenn ich mich ändere, kann der andere nicht bleiben, wie er ist. Wenn mein Gesprächsbeitrag ein anderer wird, verändern sich automatisch die Antworten meines Partners. Der Konflikt bekommt ein anderes Gesicht. Wenn wir uns nicht einbilden, arme Opfer zu sein, können wir unglaubliche Kräfte entwickeln. Jeder von uns ist mächtiger und stärker, als er glaubt.

Da will beispielsweise ein Partner recht behalten. Der andere kontert und widerspricht ihm. Er versucht, ihn mit sachlichen und unsachlichen Argumenten zu widerlegen. Was geschieht? Beide wollen recht haben, beide wollen siegen, beide wollen das Heft in der Hand behalten. Und wenn einer seine Überzeugung ändert? „Ich habe dir widersprochen, weil ich es nicht ertragen konnte, daß du so rechthaberisch bist. Das ist meine Schuld. Deine Argumente sind vielleicht nicht ganz richtig, du trägst sie aber sehr überzeugend vor."

In der Regel hört der Kampf auf. Der eine verzichtet auf Widerspruch, und der andere muß nicht mehr recht behalten. Der Kampf ist beendet.

— *Ich* werde nicht mehr kämpfen;
— *ich* will nicht mehr recht behalten;
— *ich* will nicht ständig meinen Partner kritisieren;
— *ich* höre auf, meinen Partner zu erpressen;
— *ich* bin der einzige Mensch, den ich verändern kann.

Segnen statt anklagen

Das Neue Testament sagt uns entschieden, wie wir der Bosheit begegnen sollen. Im Matthäusevangelium heißt es: „Ihr wißt, daß es heißt: ‚Auge um Auge, Zahn um Zahn', ich aber sage euch: ihr sollt euch überhaupt nicht gegen das Böse wehren . . . Ihr wißt auch, daß es heißt: ‚Liebet eure Feinde und betet für die, die euch verfolgen'" (Matthäus 5, 38—44), und im Lukasevangelium: „Segnet, die euch fluchen" (Lukas 6, 28).

Daß wir der Bosheit keinen Widerstand entgegensetzen sollen, gilt auch für die Ehe. Die Prinzipien der Christen klammern die Vergeltung aus. Wer mir ans Leder will, dem soll ich mit Liebe oder segnend begegnen. Was Segnen bedeutet, besonders im Hinblick auf die liebsten Menschen, beschreibt Jörg Zink in seinem Buch „Was bleibt, stiften die Liebenden":

„Segnen heißt Lebenskraft geben,
Leben bejahen.
Segnen: Liebe, wie du mußt, und sei glücklich.
‚Gott gebe dir vom Tau des Himmels
und von der Fettigkeit der Erde!'
Segnen ist eine offene Hand, die gibt
und nichts nimmt.
Segnen sagt: Ich sehe den Weg,
den du gehst, und bejahe ihn.
Möge dir die Kraft zufließen,
die du brauchst . . .
Mit dem Segen kehrt die Liebe
in ihren Anfang zurück,
und mit dem Segen geht sie zurück
in die schöpferische Kraft Gottes
zu einem neuen Anfang."[2]

Hier wird deutlich: Der Segnende leistete keinen Widerstand. Im Gegenteil, er bejaht den anderen, er betet für ihn. Er wünscht dem anderen von Herzen Glück und will das Beste für ihn. Auf diesem Wege kehrt der Ursprung der Liebe zurück.

Wir suchen gemeinsam eine Lösung

Wenn es stimmt, daß Konflikte zwischenmenschliche Störungen sind, sollten sie auch *gemeinsam* gelöst werden. Zwei Partner haben ihren Anteil an einer Eheschwierigkeit. Nach dem Schuldigen

oder Hauptschuldigen zu suchen, bringt sofort neuen Zündstoff. In der Beratung stelle ich gern die Frage:
„Was wollen Sie gemeinsam tun, um das Problem zu lösen?“
Wenn Eheleute sich selbst so fragen,
— hören Beschuldigungen auf,
— haben Verdächtigungen ein Ende,
— versucht keiner, sich reinzuwaschen,
— hört das Wühlen in der Vergangenheit auf.
Wie können wir heute und hier das gemeinsame Problem verkleinern?
Beide hören auf, über die Ursachen zu streiten. Beide schauen in die Zukunft, und beide gehen vorwärts und nicht rückwärts.

FRAGEN ZUR SELBSTPRÜFUNG

Kann ich bejahen, daß Konflikte und Probleme der Ehe zwischenmenschlicher Natur sind, oder bin ich nach wie vor überzeugt, daß mein Partner die Misere verschuldet hat?

Wie lauten meine unverstandenen Hand-in-Hand-Spiele?

Was tue ich, daß die „Spiele“ aufrechterhalten werden?

Was habe ich bisher unternommen, um Konflikte zu verringern?

Welche Mittel und Methoden habe ich eingesetzt?

Mit welchem Erfolg?

Stehe ich auf dem Standpunkt, daß ich mir nicht alles bieten lassen darf?

Muß ich zurückschlagen oder heimzahlen, oder gibt es überzeugendere Methoden des partnerschaftlichen Umgangs?

Regel 3:

Wir leben von Anerkennung und gestalten unsere Beziehung so positiv wie möglich

Jeder Mensch braucht Anerkennung. Ohne Anerkennung können wir nicht leben. Das Wort umfaßt viele Akzente und meint:
— Ich brauche *Anerkennung,*
— ich brauche *Liebe,*
— ich brauche *Bestätigung,*
— ich brauche *Beachtung,*
— ich brauche *Wohlwollen,*
— ich brauche *Komplimente.*

Der Hunger nach Streicheleinheiten

Eric Berne spricht von einem „Ur-Hunger" der Kinder. Dieser frühe Urhunger nach tatsächlicher körperlicher Berührung wandle sich später „zum Hunger nach Anerkennung". Ein Lächeln, ein Nicken, ein Wort, ein Stirnrunzeln ersetzen später die „physischen Streicheleinheiten". Berne geht so weit, daß er sagt: „Anerkennungsstreicheln bewahrt außerdem das Nervensystem vor der Verkümmerung." In einem seiner bekannten Bücher schreibt er wörtlich: „Ein Filmstar benötigt vielleicht Woche für Woche Hunderte von streichelnden Zustimmungen anonymer und indifferenter Verehrer, um sein ‚Rückenmark nicht verkümmern zu lassen', einem Wissenschaftler dagegen mag eine einmal im Jahr ausgesprochene Anerkennung von einem geachteten Meister seines Fachs zur Aufrechterhaltung seiner psychischen und geistigen Gesundheit genügen. Man kann den Ausdruck *streicheln* als Allgemeinbegriff für jede Art von intimem physischen Kontakt verwenden . . . Mit Hilfe einer Bedeutungserweiterung läßt sich der Begriff *Streicheln* umgangssprachlich zur Bezeichnung jeder ‚Aktion' anwenden, mit der eine Anerkennung der Gegenwart des anderen verbunden ist."[3]
Manche Menschen brauchen viel Anerkennung, um sich sicher zu fühlen. Diesem Hunger nach Streicheleinheiten kann man überall begegnen — in der Ehe, im Klassenzimmer und am Arbeitsplatz. Wie können Streicheleinheiten geäußert werden?

Eheleute erleben
— eine liebevolle Begrüßung am Morgen,
— den Kuß beim Abschied und bei der Ankunft,
— daß sie einen Blumenstrauß geschenkt bekommen,
— das dankbare Wort für die gut zubereitete Mahlzeit,
— den dankbaren Blick der Übereinstimmung,
— das Kopfnicken in Form einer zustimmenden Anerkennung,
— Worte der Anerkennung über das schöne Kleid und für die Erledigung irgendeiner Arbeit,
— echte und spontane Komplimente,
— eine intensive Art des Zuhörens usw. usw.

Anerkennung ist eine Form der Liebe

Ich sehe ihn noch vor mir, Herrn Tielmann, Ableitungsleiter eines kaufmännischen Betriebes. Er hatte eine zufriedenstellende Ehe geführt, nichts Aufregendes, aber auch nichts Bedrückendes. Nur eins hatte er an seiner Frau von Anfang an bemängelt: Sie konnte ihn nicht bestätigen. Was er tat und leistete, war selbstverständlich. Er verdiente gut und bekam jedes Jahr vom Chef Leistungszulagen. Seine Frau nahm das kommentarlos zur Kenntnis. Schließlich war das sein Beruf. Herr Tielmann war strebsam und ehrgeizig und hörte gern, daß seine Arbeit respektiert wurde. Ja, er war für Lob und Bestätigung sehr empfänglich. Zuweilen ärgerte er sich auch darüber, wie gleichgültig seine Frau die Zuwachsraten seines Gehaltes zur Kenntnis nahm.
Nun hatte Herr Tielmann eine sehr charmante Sekretärin, die ihm „viel zu pummelig“ war, um sie attraktiv zu finden. Er akzeptierte ihre Arbeit und kam jahrelang nicht auf den Gedanken, mit ihr anzubändeln, weil sie seinen Vorstellungen nicht entsprach. Eines jedoch verstand diese Dame, und das blieb auf Dauer nicht ohne Folgen: Sie konnte *anerkennen*. Herr Tielmann erinnert sich, wie er einmal errötete, als die Sekretärin ihm spontan und geraden Blickes erklärte: „Herr Tielmann, das Geschäft mit der Firma XYZ haben Sie geradezu meisterhaft abgewickelt. Sie sind ein Verkaufsgenie!“
Er wußte, daß er ein guter Verkäufer war, aber er brannte geradezu darauf, es auch bestätigt zu bekommen. In der Ehe sprach er selten über seine Firma. Wenn er es tat, reagierte die eigene Frau gelangweilt und wechselte nach einigen Sätzen das Thema. Das

bedrückte und verstimmte ihn zunehmend.
Um es kurz zu machen: So fing eine Liebelei im Büro an, und zwar mit einer Frau, die dem Mann keineswegs begehrenswert erschien. Was macht dieses Beispiel aus der Beratungspraxis deutlich?

Anerkennung bedeutet Liebe

Bestätigung ist ein menschliches Grundbedürfnis. Wird es nicht befriedigt, erfährt der Mensch ein Defizit. Das heißt nun nicht, daß er fremdgehen darf, weil er zu kurz gekommen ist. Aber die vermißte Anerkennung kann Liebesgefühle zu einem andern Menschen wachrufen. Über den Weg der Anerkennung können sogar sexuelle Gefühle und Wünsche geweckt werden. Es ist grundfalsch zu glauben, sexuelle Aktivität und Begierden würden nur durch körperliche Reize angefacht. Bewunderung, Anerkennung, Bestätigung und Lob sind ein sicherer Weg zum Herzen des Menschen. Sie können Liebesgefühle auslösen und die sexuelle Phantasie beeinflussen.

Sich für die Arbeit des Partners interessieren, bedeutet Anerkennung

Sich desinteressiert zeigen, ist Lieblosigkeit. Liebe heißt: Ich achte und respektiere dich, wie du bist. Damit nehme ich den Beruf nicht nur in Kauf, sondern sehe in ihm ein wesentliches Stück des geliebten Menschen.
Was können Eheleute tun, um ihre gegenseitige Anerkennung zu verbessern?

Sie pflegen eine positive Gesprächsführung

Viel Zündstoff speichert sich in Ehen auf, in denen die Partner *negativ* miteinander reden. Vorwürfe werden oft mit Gegenvorwürfen beantwortet. Sie sagt: „Ständig läßt du da deine Sachen liegen, wo du sie ausgezogen hast! Alles muß ich dir nachräumen!"
Er kontert: „Machst du nichts falsch? Jeden Morgen muß ich dir den Kaffee machen, nur weil du nicht aus dem Bett kommst!"
Vorwürfe fordern Gegenvorwürfe heraus. Kritik fordert Gegenkritik heraus. Wer abwertet, wird selbst abgewertet. Kritik darf nicht dazu dienen, Mängel und Fehler des anderen ins Licht zu heben. Eheleute, die so miteinander umgehen, sind *fehlerorientiert* und nicht erfolgsorientiert. Sie sehen die Lücken und nicht die Möglichkeiten.

Positive Gesprächsführung beinhaltet *Ermutigung*. Ermutigung meint:

- ☐ Ich *glaube an* den anderen, ich stelle ihn nicht ständig in Frage und bezweifle nicht seine Bemühungen;
- ☐ ich *verstärke* seinen Einsatz mit mutmachenden Gedanken:
  „Mach weiter so, das gelingt dir bestimmt!"
  „Du schaffst es, du wirst sehen!"
  „Ich habe Vertrauen zu dir, du wirst die Sache schon hinkriegen";
- ☐ ich verstärke das Positive und *übersehe* das Negative.

Insgesamt ist Ermutigung eine positive Grundhaltung. Es geht nicht um eine Gesprächstechnik, die Äußerlichkeiten verbessern will. Solche Kosmetik bewirkt keine grundlegende Umstimmung. *Ermutigung* ist viel mehr als ein Trick, um Gespräche in Gang zu bringen. Ermutigung ist eine innere Haltung. Meine Gesinnung wirkt mutmachend auf den anderen. Ich begegne ihm nicht skeptisch und fordernd. Diese Einstellung würde nur Widerstand hervorrufen. Durch Ermutigung stärke ich den Partner, bezeuge ihm Wohlwollen und vermittle ihm, daß ich an seinen guten Willen glaube. Ich begegne ihm zuversichtlich und befreie ihn dadurch zu konstruktivem Tun.

Sie betrachten sich mit positiven Augen

Der Psychotherapeut Erik Blumenthal schreibt in einem seiner Bücher: „Ob man zu seinem Partner richtig eingestellt ist oder nicht, kann man daraus ersehen, ob man mehr negative (als positive) Seiten an ihm wahrnimmt. Um dies festzustellen, nehmen Sie bitte Papier und Bleistift und beantworten sich selbst folgende vier Fragen, wobei Sie die Antworten, die spontan und ohne lange Überlegung erfolgen sollten, sich notieren:

a) Was schätze ich an meinem Partner, was mag ich an ihm, was habe ich gern?
b) Was beanstande ich an ihm, was stört mich an ihm, was habe ich nicht so gern?
c) Was schätzt wohl mein Partner an mir?
d) Was beanstandet er an mir?

Bitte fragen Sie bei den beiden letzten Fragen nicht vorher Ihren Partner, sondern beantworten Sie sie, wie Sie es gerade glauben. Wenn Ihnen nichts mehr einfällt, dann vergleichen Sie die Plus- und Minuspunkte. Numerieren Sie sie, damit Sie sehen, welche überwiegen. Wenn das Positive am Partner überwiegt, dann haben Sie die richtige Einstellung. Hat er aber mehr Minuspunkte, dann ist es höchste Zeit, Ihre Augen positiver zu machen."[4]

Positive Augen meinen kein gekünsteltes Lächeln, meinen nicht Nettigkeiten, die man dem anderen sagt. Positive Augen sind die Spiegelung einer wohlwollenden inneren Haltung. Sie sehen das Gute, sie ahnen das Verbindende und sie nehmen das Erfreuliche wahr. Die Bibel drückt es so aus:

„Das Auge gibt dem Körper Licht. Wenn dein Auge gesund ist, dann wird dein ganzer Körper hell sein. Wenn aber dein Auge krank ist, dann wird der ganze Körper finster sein" (Matthäus 6, 22—23).

Kranke Augen, wie die Bibel sagt, oder negative Augen, die eine negative Gesinnung verraten, die Pessimismus, Zweifel und Mißtrauen widerspiegeln, belasten eine Ehebeziehung. Positive Augen, die eine erfolgsorientierte und hoffnungsfrohe Einstellung signalisieren, verarbeiten auch Schweres und Unerfreuliches, das von draußen kommt, leichter. Läßt sich dagegen jemand niederdrücken und von schweren Lebensumständen deprimieren, werden auch die Augen keine positive Einstellung haben. Jeder kann an sich arbeiten, kann seine negative Blickrichtung überprüfen und mit positiven Augen sehen lernen.

Sie verstärken Ihre gegenseitige Zuwendung

Liebe ist positive Zuwendung. Sie äußert sich in Aufmerksamkeit, Achtsamkeit und Wahrheit gegenüber dem anderen. Von der kritischen Wachsamkeit, Fehler zu entdecken, haben wir gesprochen. Positive Zuwendung bedeutet:

- ☐ Ich schärfe meine Sinne für Dinge, die den anderen interessieren;
- ☐ ich kontrolliere meine negative Kritik und beachte das Positive;
- ☐ ich fördere meine und seine Lebensfreude und dämpfe meinen Pessimismus;
- ☐ ich will Freude machen und nicht in erster Linie Freude erhalten;
- ☐ ich wende mich mit meinem Partner intensiv einem Spiel, dem Wetter, den Vögeln, den Wolken, den Kindern, anderen Menschen oder der Musik zu.

Zuwendung verbindet; Zuwendung erfreut den Partner und beglückt das eigene Leben. Zuwendung bedeutet Achtung und Anerkennung.

Sie lieben den anderen wie den eigenen Körper

Im Epheserbrief gibt Paulus für Frauen und Männer einige Hinweise für den gemeinsamen Umgang. Da heißt es:
„So müssen auch die Männer ihre Frauen lieben wie ihre eigenen Körper. Denn ein Mann, der seine Frau liebt, liebt sich selbst. Keiner haßt doch seinen Körper; im Gegenteil, er nährt und pflegt ihn" (Epheser 5, 28—29).
Jeder weiß, wieviel Aufmerksamkeit und Liebe wir für unseren eigenen Körper aufbringen. Wir befriedigen seine Ansprüche und Bedürfnisse, wir geben ihm das, was er braucht. Genauso sollen Männer mit ihren Frauen verfahren. Und ich meine, daß die Regel auch im umgekehrten Fall ihre Richtigkeit behält. Nähren und Pflegen sind die Hauptfaktoren, die einen Menschen fördern und ihn wachsen lassen. Nähren und Pflegen beinhalten nicht nur Speise und saubere Wäsche; sie beinhalten auch Zuwendung, Anerkennung, Bestätigung und Wertschätzung. Wer solche *Streicheleinheiten* versäumt, liebt seinen Partner nicht. Denn Anerkennung ist ein Ausdruck der Liebe.

FRAGEN ZUR SELBSTPRÜFUNG

Habe ich das Gefühl, daß ich insgesamt zu wenig Anerkennung und Bestätigung von meinem Partner bekomme?

Kann ich dem Partner sagen, daß ich Anerkennung benötige, oder habe ich das Thema verdrängt?

Wenn ich Anerkennung vermisse: *Wie* gebe ich meinem Partner das zu verstehen?

Sehe ich bei meinem Partner mehr Minuspunkte als Pluspunkte?

Bin ich ein Kritiker oder Perfektionist, der so hohe Ansprüche hat, daß ihm nie etwas genügt und er dadurch in erster Linie das Negative wahrnimmt?

Bin ich ein guter Zuhörer, wenn mein Ehemann oder meine Ehefrau vom Berufsalltag berichten?

Bin ich bereit, zu teilen und mitzuteilen, oder wehre ich alle Anforderungen ab?

Was kann und will ich handfest tun, um meine positiven Augen zu stärken?

Glaube ich an meinen Partner, oder habe ich bei den vielen Schwierigkeiten die Hoffnung aufgegeben?

Was erwarte ich, wenn ich meinem Partner Resignation und Hoffnungslosigkeit demonstriere?

Will ich ihn unter Druck setzen, will ich sein Mitleid ansprechen, will ich damit erreichen, daß *er* sich ändert?

Regel 4:

Wenn wir uns annehmen, wie wir sind, können wir auch den anderen annehmen, wie er ist

In der ehelichen Partnerschaft ist diese Regel eine Grundvoraussetzung für gegenseitiges Verstehen. Selbstannahme und Annahme des Nächsten gehören unauflöslich zusammen. Was geschieht, wenn jemand sich selbst nicht akzeptieren kann?

— Er ist *unzufrieden* mit sich, innerlich und äußerlich;
— er *fühlt* sich nicht geliebt;
— er glaubt, nicht genug *Bestätigung* und Anerkennung zu bekommen;
— er hat Minderwertigkeitsgefühle und *Komplexe;*
— *er fühlt* sich nicht *ernst*genommen;
— er kann sich schwer dem Partner rückhaltlos *anvertrauen*;
— er glaubt, keinerlei *Anziehung* für den anderen zu besitzen;
— er kann zum *Angeber* werden, der ständig aller Welt beweisen muß, daß er wer ist und etwas darstellt;
— er hat *Angst*, zu versagen;
— er fühlt sich *unterdrückt* und ausgebeutet.

Wer Selbstwertstörungen mit sich herumschleppt, wird bewußt oder unbewußt von der irrigen Meinung beherrscht, er müsse

— *mehr* leisten,
— *mehr* arbeiten,
— *mehr* Erfolg haben,
— *mehr* für den Partner tun,
— *mehr* nachgeben und
— *mehr* für die eheliche Partnerschaft beisteuern.

Damit produziert er eine chronische Unzufriedenheit und beschert sich und dem Ehepartner unlösbare Schwierigkeiten. Er verhält sich destruktiv, in der irrigen Meinung, er habe keinen Wert innerhalb der Gemeinschaft, er würde zu wenig beachtet. Diese negative Selbsteinschätzung macht unzufrieden. Der Betreffende kann sich nicht leiden und läßt daher den andern unter seiner Einstellung leiden.

— Menschen, die nicht dazugehören, werden unglücklich,
— Menschen, die nicht dazugehören, verhalten sich zerstörerisch,
— Menschen, die nicht dazugehören, werden krank und beziehungsunfähig.

Wer unter Selbstwertstörungen leidet,
- hat kein *Vertrauen zu sich*,
- *zweifelt* an seinen Gaben und Begabungen,
- *glaubt,* er sei eine Niete,
- muß andere *herabsetzen* und kritisieren, um selbst *hochgehoben* zu werden.

Nun ist es eine unumstößliche Wahrheit: Wer sich selbst für eine Niete hält, wird eine Niete. Er wird alles daransetzen, um seinen Glauben zu bestätigen. Er will unter allen Umständen erfolgreich darin sein, eine Niete zu verkörpern.

Wie können wir unsere Selbstannahme verbessern?

Wir vertrauen der göttlichen Zusage

Christus hat uns angenommen, wie wir sind. Seine Liebe ist bedingungslos. „Gott liebt die Menschen so sehr, daß er seinen eingeborenen Sohn hergab. Nun wird jeder, der sich auf den Sohn Gottes verläßt, nicht zugrunde gehen, sondern ewig leben" (Johannes 3, 16).

Gott liebt *alle* Menschen, nicht nur die Frommen, die Reinen, die treuen Kirchenbesucher und die Gläubigen. Ohne Voraussetzung sagt er ja zu uns, auch zu den Schwachen und zu denen, deren Selbstbewußtsein gestört ist. Wer sich auf Ihn verläßt, wer Seiner Zusage vertraut, geht nicht zugrunde. Das ist eine Verheißung, die nicht an Charakterstärke und Minderwertigkeitskomplexe gebunden ist.

Wer sich daher von Gott geliebt weiß, der fühlt sich für wert geachtet. Er ist von dem Zwang erlöst, immer an sich selbst herumzukritteln. Er muß sich nicht mehr verachten und selbst kasteien. Gott hat keinen Fehler gemacht, daß er uns liebt. Und wir sollten es dem lebendigen Gott zutrauen, daß seine Liebe zu uns kein Versehen ist, sondern sein ausdrücklicher Wille. Dieser Glaube an seine Liebe macht frei und selbstbewußt. Ein solcher Glaube vertraut der göttlichen Zusage und erlöst von Selbstzweifeln.

So, wie ich bin, bin ich gut genug

Diesen Satz muß ich buchstabieren lernen. Er muß mir in Fleisch und Blut übergehen. Wie viele Menschen laufen gegen diesen Satz Sturm! Besonders Christen. Sie vertrauen der Gnade Gottes und vertrauen gleichzeitig ihrem Leistungsdenken. Sie leben so, als hätten sie ein Goethewort über ihr Leben gehängt: „Wer immer strebend sich bemüht, den können wir erlösen."

Mit dem Kopf weiß der Christ, daß nur Christus ihn retten kann, daß nur das Kreuz ihn vor der Verlorenheit bewahren kann. Aber er verhält sich oft so, als müßte er selbst für seine Rettung immer neue Leistungen erbringen. Der oben formulierte Satz ist unmißverständlich. Er lautet nicht: So, wie ich bin, bin ich *gut*. Er redet einer Selbstüberschätzung nicht das Wort. Er lautet allerdings auch nicht: So, wie ich bin, *genüge ich nicht*. Wer zu Gottes Liebe ja sagt, *ist* gerettet. Wer gegen sich zu Felde zieht, straft die Bibel Lügen. Wer sich nicht akzeptiert, sagt dem lebendigen Gott ins Angesicht, daß er seiner bedingungslosen Liebe mißtraut. Wer den Satz sagen kann: „So, wie ich bin, bin ich gut genug", glaubt, daß er von Gott geliebt wird. Vielleicht glaubt er auch seinem Partner, der ihm wahrscheinlich schon zigmal gesagt hat, daß er ihn liebt. Ohne Gott zu vertrauen, bekommen wir keinen Frieden. Ohne unserem Partner zu vertrauen, schaffen wir keine eheliche Harmonie. Wer den oben formulierten Satz sagen kann, legt nicht seine Hände in den Schoß. Er liebt, weil er sich geliebt weiß.
Matthias Claudius hat ein Lied verfaßt, in dem er in der ersten Strophe die glücklichmachende Selbstannahme beschreibt:
„Ich danke Gott und freue mich,
wie's Kind zur Weihnachtsgabe,
daß ich bin, bin!, und daß ich dich,
schön menschlich Antlitz habe."
Und er setzte drei Worte über das Lied, nämlich:
„Täglich zu singen." Auch Ehepartner, die unter Selbstannahmeschwierigkeiten leiden, sollten täglich im Gebet diese Claudiuszeilen bedenken.

Wer sich akzeptiert, macht sich anziehender für den Partner

Wer sich nicht akzeptiert, steht sich und dem Ehepartner im Wege. Wie soll er anziehend wirken, wenn er
— an seiner Figur,
— an seiner Intelligenz,
— an seinen Kochkünsten,
— an seiner ehelichen Liebe,
— an seiner Erziehungspraxis herummäkelt?
Er macht sich unausstehlich und wirkt unausstehlich. Und wer sich akzeptiert? Wer zu sich sagen kann: Ich bin — mit meinen Fehlern — gut genug?

— Der hat eine anziehende Ausstrahlung,
— der hält sich nicht bedrückt und gekränkt im Hintergrund,
— der wirkt einladend,
— der geht auf den Partner zu,
— der macht es dem Partner leichter, Kontakte zu pflegen,
— der fördert das Gespräch.

Gebet „An unerträglichen Tagen“
Ich kenne ein Gebet, das eindrücklich Zeugnis für die Selbstannahme ablegt:[5]

„Solange wir Gedanken und Vorstellungen
daran verschwenden,
was alles ‚hätte sein können‘,
welche Chancen wir verpaßt,
welche Laufbahn wir versäumt,
welche Bildung wir vermißt haben,
welche Gesundheit mir nicht zuteil wurde
und welche Träume unerfüllt bleiben,
solange füttern wir unsere Unzufriedenheit,
schauen auf
Dornen und Disteln statt auf Blüten
und quälen uns und
unsere Nächsten.
Als ich ein Kind war, Herr, wußte ich das nicht,
ich wußte nicht, daß man so müde,
so müde seiner selbst sein kann,
und sich dann sagt,
daß man sein Leben verfehlt hat.
Ich habe viel Versuchungen gekannt.
Diese ist wohl die schwerste.
Man möchte eine bessere Gesundheit,
einen glänzenderen Verstand,
einen nicht so armseligen Leib,
eine höhere Bildung,
eine andere Stellung und den großen Kredit,
den gewisse Leute haben . . .
Man entdeckt bei den anderen hundert Chancen,
die einem selbst zugestanden hätten,
und hundert Gelegenheiten,
die man selbst niemals gehabt hat . . .
Man weiß, daß es höchste Zeit ist

zu leben,
und zu spät, um zu träumen.
Man weiß, daß das Unmögliche niemals eintreten wird.
Das zu wissen, ist schon Erleuchtung.
Und sie fällt gerade von dort her in mich ein,
von wo ich nichts erwarte.
Die Träume sind aus.
Es bleibt mir mein Leben — das wahre, das ich lieben muß.
Mein Leben, wie es nun einmal ist,
und meine arme Gesundheit und meine ruhmlose Laufbahn.
Dieses, Herr, möchte ich jetzt annehmen.
Auch mich selbst, so arm wie ich bin.
Ich will mich nicht mehr mit dem quälen,
was ‚hätte sein können', und mein Glück darin finden,
zu tun, was ich kann."

FRAGEN ZUR SELBSTPRÜFUNG

Kann ich aus vollem Herzen sagen: So, wie ich bin, bin ich gut *genug*? Habe ich Gottes Vergebung in Anspruch genommen und bin immer noch mit mir unzufrieden?

Womit begründe ich die Haltung, daß er mich angenommen hat, ich mich selbst aber nicht annehmen kann?

Was sind die Hauptgründe, die mich abhalten, meine Selbstannahme zu bejahen?

Welche Konsequenzen erlebe ich in meiner Ehe durch mangelnde Selbstannahme?

Kann ich mich rückhaltlos auf Gottes Zusage verlassen, daß Er mich bedingungslos liebt?

Will ich gegebenenfalls meinen Partner mit meiner Unzufriedenheit und mit meinem Selbstmitleid bestrafen?

Mache ich andere Menschen — meine Eltern, meinen Partner oder Gott — dafür verantwortlich, daß meine Selbstannahme so miserabel ist?

Was habe ich bisher in die Wege geleitet, um meine Selbstannahme zu verbessern?

Was will ich ernsthaft unternehmen, wenn ich erkenne, daß meine Selbstannahme gestört ist?

Regel 5:

Wir nehmen den anderen an, wie er ist, und nicht, wie er sein sollte

„Nehmt einander an, wie Christus euch angenommen hat“ (Römer 15, 7). Christus hat uns ein Vorbild gegeben — auch für die Ehe. Er hat uns angenommen, wie wir sind. Annahme ist eine besondere Form der Liebe. Die Annahme stellt keine Bedingungen:

— Ich liebe dich *nur, wenn* du das Rauchen einstellst;
— ich liebe dich *nur, wenn* du ordentlicher wirst;
— ich liebe dich *nur, wenn* du diese oder jene Angewohnheit aufgibst;
— ich liebe dich *nur, wenn* du auf meine Bedingungen eingehst.

Wahre Liebe stellt keine Bedingungen

- ☐ Wahre Liebe akzeptiert den Partner, wie er ist;
- ☐ wahre Liebe setzt den Ehegefährten nicht unter Druck;
- ☐ wahre Liebe akzeptiert Schwächen und Fehler, Eigenarten und Widersprüche;
- ☐ wahre Liebe will den Partner nicht ummodeln;
- ☐ wahre Liebe ist in Christus personifiziert.

Wir alle haben es schwer, diese Liebe in die Tat umzusetzen. Liebe ist bedingungslose Annahme, und Annahme heißt:

— Ich versuche, mich in die Gefühlswelt des Partners einzufühlen;
— ich versuche, die verborgenen Wünsche und Ziele und die Eigenarten des Lebensgefährten zu verstehen;
— ich beurteile den Partner nicht durch die Brille meiner Vorurteile;
— ich nehme sein Gewordensein und seine Persönlichkeit aus Gottes Hand;
— ich begegne seinem Wesen und seinem Verhalten mit Respekt;
— ich sage deutlich und klar meine Meinung, die ich aber nicht absolut setze und dem Partner nicht überstülpe;
— ich will ihn lieben und nicht gängeln;
— ich will ihn lieben und nicht manipulieren;
— ich will ihn lieben und nicht zwingen;

— ich will ihn lieben und nicht zum Abklatsch meiner selbst machen.

Meinungsverschiedenheiten und Streit sind vielfach das Ergebnis von falschen Erwartungen an den Partner. Er sollte so denken wie ich, er sollte so spuren, wie ich mir das vorstelle. Er sollte so reagieren, wie ich es erwarte. Diese *falschen Erwartungen* müssen zwangsläufig zu Mißverständnissen führen. Sie sind lieblos und ungeistlich. Sie legen dem anderen ein Joch auf und machen ihn gefügig. Nicht umsonst formuliert das Neue Testament: „Alles, was ihr von den anderen erwartet, das tut auch ihnen! Darin besteht das Gesetz und die Propheten“ (Matthäus 7, 12).

Und was geschieht, wenn ein Partner sich den Wünschen und Erwartungen bedingungslos unterordnet?

— Er wird gelebt;
— er verliert sein Selbst, seine Originalität und sein Ich;
— er wird unselbständig, total abhängig und wehrlos;
— er wird zum Papagei, der sein Eigenleben aufgegeben hat;
— er wird eines Tages unzufrieden und reagiert passiv destruktiv;
— er leidet an sich selbst und erduldet still sein ihm auferlegtes Schicksal.

Auch solche Partnerbeziehungen sind hochgradig gestört.

Jörg Zink beschreibt die annehmende oder *reife* Liebe, die er mit dem Herbst des Lebens vergleicht:

„Denn was ist die Liebe im Herbst?
Vielleicht zeigt sie mir:
Ich bin glücklich, daß du da bist.
Einfach da . . .
Vielleicht sagt der Liebende nur:
Ich lege mich in deine Hand
und will weiter nichts,
als daß du mich in der Hand hast . . .
Ich will nicht tun und nicht leisten.
Ich will nur sein,
und ich will, daß du sein kannst.
Ich nehme dich, wie du bist.
Ich liebe dich und möchte,
daß du dein eigentliches Wesen,
deine eigene Gestalt,
deine Freiheit gewinnst.“[6]

Reife Liebe fordert nicht und muß selbst dem anderen nichts beweisen. Reife Liebe ist *Annahme*, sie will, daß der andere sein „eigentliches Wesen und seine eigentliche Gestalt gewinnt". Der wahrhaft Liebende billigt dem anderen Freiheit zu. Freiheit ist aber nur da, wo der Ehepartner sein darf, wie er ist — und nicht sein muß, wie der Liebende ihn gern hätte.

Wenn das Geschirr nicht abgewaschen ist

In der Beratung wird deutlich, wie Ehekonflikte produziert werden. Keiner läßt den anderen gelten, wie er ist. Jeder findet handfeste Konfliktpunkte. Eheleute wissen jeweils ganz genau, was der *andere falsch* gemacht hat, was der *andere versäumt* und was der *andere* unbedingt ändern muß. Sie stellen sich nicht ihren eigenen Fehlern. Damit schieben sie dem Partner die Schuld für Konflikte zu. Sie stempeln den Partner zum Sündenbock. Gleichzeitig verbauen sie sich aber den Weg zur Selbsteinsicht und Selbstveränderung. Denn der Weg zur ehrlichen Kurskorrektur beginnt bei *mir* und nicht beim anderen. Ein Beratungsgrundsatz lautet: „Wenn ich mich ändere, kann der andere nicht bleiben, wie er ist."

Das ist auch ein fundamental christlicher Grundsatz. Die Buße, die Sinnesänderung beginnt nicht bei dem anderen, sie beginnt bei mir. Gegenseitige Kritik zermürbt und untergräbt die harmonische Beziehung. Und wie lauten solche Vorwürfe?

„Das lasse ich mir nicht bieten. Das kann er mit mir nicht machen!"

„Solange er sich abends so aufführt, kann er von mir nichts erwarten!"

„Meine Frau schwatzt drauflos. Den roten Faden müssen Sie mit der Lupe suchen, und solches Geschwätz macht mich rasend!"

„Er trinkt das Bier aus der Flasche. Ich hasse solche Primitivität."

Vor Jahren habe ich in meiner Ehe selbst erlebt, was es heißt, *falsche Erwartungen* zu hegen. Wenn wir sonntags mittags gegessen hatten, sagte ich zu meiner Frau:

„Laß alles stehen und liegen, wir legen uns erst eine Stunde hin. Nachher können wir die Küche in Ordnung bringen."

Wir gingen schlafen, aber meine Frau lag mit großen offenen Augen im Bett.

„Was hast du denn? Kannst du nicht schlafen?"

„Wenn ich an die Unordnung in der Küche denke, kriege ich kein

Auge zu. Es kribbelt mir in den Fingern. Ich kann den Abwasch nicht stehen lassen!"
Einige Male wurde ich wütend und sagte:
„So ein Unsinn! Ob ich den Abwasch vorher oder nachher mache, das hat doch nichts mit meinem Schlaf zu tun! Mach die Augen zu und vergiß die Küche!"
Genau das konnte meine Frau nicht. Die Küche lief ihr nach. Die unvollendete Arbeit brachte sie um den Schlaf. Als ich ihre Eigenart *akzeptierte* und wir zusammen nach dem Essen zuerst das Geschirr spülten, war das leidige Problem vom Tisch.
Darüber zu diskutieren, ob so ein Verhalten „kleinkariert" ist oder von einem „gesunden Hausfrauenverstand" zeugt, weckt nur Abwehr und Kampf. Es hindert die Liebe, es hindert das Einfühlen in den geliebten Menschen.
Liebe heißt nicht: „Ich weiß, hundert andere Frauen hätten an deiner Stelle nicht so zwanghaft gehandelt."
Liebe heißt: „Ich liebe dich, wie du bist."

FRAGEN ZUR SELBSTPRÜFUNG

Kann ich aus vollem Herzen zu meinem Partner sagen: „Ich liebe dich, wie du bist"?

Will ich mit meinen Beschuldigungen von meinen Fehlern und Schwächen *ablenken*?

Kann es sein, daß ich Abwehr und Lieblosigkeit in meinem Partner hervorrufe, weil ich ständig an ihm herumnörgele?

Kann es sein, daß ich mich — ungewollt — über meinen Ehegefährten *erhebe*, indem ich ständig an ihm Kritik übe?

Fallen darum meine Vorwürfe und falschen Erwartungen so negativ aus, weil ich mir einen vollkommenen Partner wünsche?

Habe ich meine falschen Erwartungen und Ansprüche an den Ehepartner schon als *Sünde* erkannt?

Habe ich schon ernsthaft darüber nachgedacht, warum ich den Ehepartner nicht bedingungslos akzeptieren will?

An welchem Punkt will ich beginnen, die ungeistlichen Vorwürfe einzuschränken?

Regel 6:

Wir bemühen uns, den Ehepartner wie uns selbst zu lieben

Es ist ein Kardinalsatz des Alten und Neuen Testaments: „Liebe deinen Nächsten wie dich selbst!“ Für den gläubigen Juden und den Christen ist dieser Satz vornehmstes Gebot. Im Zusammenhang zitiert, drückt das Neue Testament diesen Gedanken in Matthäus 22, 37—40 so aus: „Jesus antwortete ihnen: ‚Du sollst den Herrn, deinen Gott, lieben mit ganzem Herzen, mit ganzer Seele und mit all deinen Gedanken.‘ Das ist das wichtigste und erste Gebot. Ebenso wichtig ist das zweite: ‚Du sollst deinen Nächsten lieben wie dich selbst.‘ An diesen beiden Geboten hängt das ganze Gesetz samt den Propheten.“

Geben und Nehmen

Daß wir Gott mit ungeteiltem Herzen lieben sollen, daran besteht unter Christen in der Theorie kein Zweifel; bei der Praxis hapert es allerdings zum Teil, und der zweite Teil des Liebesgebotes macht vielen noch mehr zu schaffen. Unmißverständlich steht da: Selbstliebe und Nächstenliebe sind unteilbar. Geben und Nehmen, Schenken und Beschenktwerden sind zwei Seiten ein und derselben Medaille. Jeder Ehepartner billigt dem anderen die gleichen Rechte und Bedürfnisse zu — wie sich selbst. Er gibt dem anderen das Maß an Zuwendung und Liebe, das er für sich selbst erstrebt. Das Wohlbefinden des einen erfordert das Wohlbefinden des anderen. Eheliche Partnerschaft bedeutet:

- ☐ lieben und geliebt werden,
- ☐ Annahme und Angenommensein,
- ☐ befriedigen und befriedigt werden,
- ☐ ernst nehmen und ernst genommen werden,
- ☐ bestätigen und bestätigt werden,
- ☐ beglücken und beglückt werden,
- ☐ achten und geachtet werden,
- ☐ gelten und gelten lassen.

Selbstliebe und Nächstenliebe gehören zusammen.

Je mehr meine Wünsche berücksichtigt und befriedigt werden, desto mehr bin ich in der Lage, die Wünsche des anderen zu erfüllen. Habe ich bekommen, kann ich geben; habe ich genommen, kann ich schenken. Bin ich beglückt worden, kann ich den Partner beglücken. Kann ich Lust empfinden, fällt es mir leicht, die Lust des anderen zu erwecken. So ist die Zufriedenheit des einen gleichzeitig das Glück des anderen. Auch das andere gilt: Sein Glück, seine Zufriedenheit und sein Wohlbefinden strahlen auf mich zurück. So eng sind Geben und Nehmen miteinander verzahnt.

Frau Wiechert ist aufopfernd und selbstlos

Die Mutter zweier Kinder ist 37 Jahre alt und seit 12 Jahren verheiratet.
„Ich hätte schon viel eher kommen müssen“, sagt sie beim ersten Gespräch. „Aber ich wollte nicht fremde Menschen mit meiner inneren Zerrissenheit belasten. Ich habe immer wieder gebetet, daß ich geduldig bin und das trage, was Gott mir auferlegt hat. Heute bin ich ausgebrannt und leer. Meine Liebe ist tot. Ich habe mich verausgabt.“
Frau Wiechert erzählt, wie sie aufgewachsen ist und sich als Lebensziel gesetzt hat, andere Menschen — und besonders den Ehepartner — glücklich zu machen. „Ich habe fest geglaubt, das Glück besteht im Sichverströmen für andere. Sie dürfen mir glauben, das habe ich reichlich getan, für die Kinder, die Eltern, für die Gemeinde und für meinen Mann.“
Ich: „Was, glauben Sie, haben Sie falsch gemacht?“
Sie: „Ich weiß es nicht, aber ich muß was falsch gemacht haben. Ich bin immer leer. Ich kann nicht mehr. Meine Kraft, zu opfern, ist erlahmt.“
Ich: „Sie sagen, daß Sie sich verströmt und aufgeopfert haben, für alle anderen. Und was haben Sie bekommen?“
Sie: „Ich wollte nichts haben, ich wollte für die anderen da sein. Das hat mich jahrelang wirklich glücklich gemacht.“
Ich: „Und dann?“
Sie: „Wenn ich ganz ehrlich bin, und ich schäme mich, das zu sagen, fühle ich mich ausgenutzt. Ich durfte alles tun, ich war eine bessere Putzfrau geworden. Jeder erwartete was von mir, besonders mein Mann. Ich habe gegeben, aber mein Kapital schmolz allmählich dahin. Heute bin ich völlig verzweifelt.“

Was hat Frau Wiechert falsch gemacht?

Sie hat jahrelang alle Unzufriedenheit geschluckt

Viele feine Christen machen den Fehler, Kümmernisse, Probleme und Konflikte zu *verleugnen*. Dahinter steckt die irrige Vorstellung:

- Christen sind immer standhaft;
- Christen sind immer geduldig;
- Christen ertragen lautlos ihre Probleme;
- Christen jammern nicht;
- Christen zeigen ein lächelndes Gesicht, auch wenn es innen blitzt und kracht.

Problematisch ist: Was wir unbearbeitet hineinfressen, bleibt nicht widerspruchslos in uns liegen; es arbeitet, es gärt und macht krank.

Sie hat einen biblischen Kerngedanken mißverstanden

Frau Wiechert ging davon aus, daß Glück im einseitigen Sichverströmen für andere besteht. Das ist falsch. Sich verströmen können, ist großartig. Aufopferungsbereitschaft ist christlich. Aber sie darf nicht einseitig bleiben. Jeder Mensch ist auf das Echo angewiesen. Die eigene Seele darf nicht leer ausgehen. Kein Auto kann mit einem leeren Tank fahren. Das Auftanken ist ein Gebot für jeden Kraftfahrer, es ist zugleich ein Gebot für jeden Christen. Liebe schenken und Liebe erhalten gehören zusammen.

Sie ist einem unbewußten Egoismus zum Opfer gefallen

Was steckt oft hinter Aufopferungsbereitschaft und Sichverströmen für andere? Liebe hat viele Gesichter. Auch die Motive der Liebe sind verschieden. So kann eine aufopferungsvolle Liebe ein hohes Maß an Egoismus bedeuten. Der Liebende verausgabt sich, um selbst gemocht, geliebt und getragen zu werden. Er verströmt sich, um selbst dafür Geborgenheit, Zärtlichkeit, Zuwendung und Nestwärme zu bekommen. Die völlig selbstlose Liebe gibt es unter uns Menschen nicht. Nur Christus hat sie uns vorgelebt. In diesem Punkt werden wir *immer* hinter seinem Maßstab zurückbleiben.
Der Ehepartner opfert sich auf, um geliebt zu werden. Er tut *alles*, um Zuwendung und Anerkennung zu bekommen. Im Grunde hat er ein schlechtes Selbstwertgefühl. Er glaubt nicht an sich, an seinen Wert und opfert sich auf, um sein niedriges Selbstwertgefühl

auszugleichen. Frau Wiechert war im tiefsten Herzensgrunde unehrlich. Sie glaubte, durch Sichverströmen eine gute Ehepartnerin und gute Christin zu sein. Für sich wollte sie nichts, und das war ihr Irrtum. Zuerst nahm sie die Zuwendung nicht an, um als „christlich" dazustehen, später hatten sich die anderen so an ihre Haltung gewöhnt, daß sie nur noch ihre Erwartungen äußerten. Schließlich fühlte sie sich *ausgenutzt* und *leer*. Sie war bitter enttäuscht, daß der Ehepartner aufopfernde Liebe nicht besser entlohnte.

FRAGEN ZUR SELBSTPRÜFUNG

Bin ich als Christ und Ehepartner auch davon überzeugt, daß ich den anderen *mehr* liebhaben muß als mich selbst?

Glaube ich, daß aufopfernde Liebe und Sichverströmen ohne Gegenliebe in der Ehe möglich sind ?

Ist es möglich, daß ich mich darum so intensiv um den Partner kümmere, die Verantwortung übernehme und ihm seine Wünsche von den Lippen ablese, um die Gewähr zu haben, daß er mich dann wiederliebt?

Bin ich darum so verbittert und von der Ehe enttäuscht, weil ich glaube, nur gegeben zu haben, ohne etwas wiederzubekommen?

Kann es sein, daß ich dem Partner darum soviel Liebe, Zuwendung und Fürsorge entgegenbringe, um das eigene mangelhafte Selbstwertgefühl auszugleichen?

Kann es sein, daß ich darum für den Partner mehr Opfer bringe und mich über Gebühr für ihn einsetze und eintrete, um ihn (selbstverständlich ohne Absicht und Bosheit) meine moralische Überlegenheit zu demonstrieren?

Sind in meiner Ehe Geben und Nehmen, Lieben und Geliebtwerden einigermaßen im Gleichgewicht, oder habe ich den Eindruck, daß ich ausgenutzt werde?

Regel 7:

Wir machen uns kein festes Bild von unserem Partner

Das zweite Gebot in der Bibel spricht das *Bildermachen* des Menschen an. Im 2. Buch Mose wird den Israeliten streng untersagt, sich von Gott ein Bild zu machen:
„Du sollst dir kein Gottesbild machen und keine Darstellung von irgend etwas am Himmel droben, auf der Erde unten, im Wasser unter der Erde. Du sollst dich nicht vor ihnen niederwerfen und dich nicht verpflichten, ihnen zu dienen“ (2. Mose 20, 4—5).
Was für den lebendigen Gott gilt, hat auch Gültigkeit für die Ehe. Wer sich von seinem Partner ein *starres Bild* macht, versucht, ihn seinen Wünschen und Vorstellungen gefügig zu machen. Er beschneidet seine Freiheit und seine Originalität. Er fördert Erwartungen und Hoffnungen, die nicht erfüllt werden können. Er liebt seinen nächsten Menschen so, wie er seinen Vorstellungen entsprechend sein soll, und nicht, wie er ist. Diese Diskrepanz ruft unweigerlich heftige Störungen hervor.

Bilder sind Vorurteile

Im Hohenlied Salomos heißt es im 4. Kapitel:
„Ein verschlossener Garten bist du, meine geliebte Braut,
ein verriegelter Garten, eine versiegelte Quelle.
Ein Lustgarten bist du, ein lieblicher Garten,
Granatbäume wachsen darin, mit köstlichen Früchten . . .“
Diese Bilder legen den anderen nicht fest, sie drücken aus, daß er ganz anders ist als meine Vorstellungen von ihm. Jörg Zink, der die Verse übersetzt hat, schreibt dazu:
„In den Bildern spiegelt der Liebende sich.
In den Bildern schaut er den Geliebten.
Nicht in dem Bild,
das einer sich macht vom anderen
und dann der andere sich anpassen soll.“[7]
Viele Liebende haben ein festes Bild vom Partner. So ist er.
— Sie glauben, *alles* zu wissen;
— sie glauben, *alles* zu verstehen;
— sie glauben, *alles* zu erkennen.
Und das Gefährliche dabei ist, sie wollen, daß der andere ihrem Bild oder ihrer Vorstellung entspricht. So pressen sie ihn gewalt-

sam in ihr Wunschbild. Das Hohelied spricht es unmißverständlich aus, daß ich mir vom Partner kein festes Bild machen darf. Auch wenn zwei Menschen sich innig lieben, bleibt der andere „ein verschlossener Garten". Viele Geheimnisse können nicht gelüftet werden. Der andere ist und bleibt eine selbständige Persönlichkeit, die ich nicht über ein festes Bild beherrschen kann.
Wer es doch tut, vergewaltigt seinen Partner. Er behindert seine Selbstentfaltung.
Wenn dann der Ehepartner dem Bild nicht entspricht, weil der andere einem Trugbild aufgesessen ist, leidet die Beziehung. Beide quälen sich,
— weil die Erwartungen des einen vom anderen nicht erfüllt werden können;
— weil die hochgeschraubten Wünsche sich nicht realisieren lassen;
— weil das Erschaute sich nicht bestätigt;
— weil das Vorurteil ent-täuscht wird.
Mein Bild, das ich mir von meinem Partner mache, ist ein *Vorurteil*. Ganz tief im Innern hat es sich vor Jahren gebildet, in der Kindheit. Meine guten und schlechten Erfahrungen mit den Eltern, mit Mädchen und Jungen, finden in meinem späteren Vorurteil ihren Niederschlag. Die Vorurteile können lauten:
— Frauen sind gefügig;
— Frauen stehen am Kochtopf und sind nur für die Familie da;
— Frauen opfern sich für den Mann auf;
— Frauen haben die Hosen an;
— Frauen werden vom Gefühl bestimmt;
— Frauen sind geschwätzig und nicht verschwiegen;
— Männer werden grundsätzlich vom Verstand regiert;
— Männer haben ein Machtwort zu sprechen, in der Ehe und in der Erziehung;
— Männer sind untreu und polygam veranlagt;
— Männer müssen sich die Hörner abstoßen;
Männer müssen in der Ehe führen usw.
Solche Vorurteile nehmen wir mit in die Ehe. Sie bestimmen unser eheliches Zusammenleben und rufen Mißverständnisse und Verbitterung hervor.
— Der eine fühlt sich *enttäuscht*, der andere *überfordert*;
— der eine fühlt sich *betrogen*, der andere *minderwertig*;
— der eine fühlt sich *nicht geliebt*, der andere *nicht verstanden*.
— Das feste Bild vom Partner ist Sünde.

Stiller und Julika

Der Schriftsteller Max Frisch beschreibt in seinem Roman „Stiller“ die Beziehung zwischen der Titelfigur Stiller und seiner Frau Julika. Stiller hat sich eine Theorie — genauer gesagt, ein Bildnis — von Julika zurechtgemacht, gegen das kein Widerspruch erlaubt ist. Und so geschieht es, daß Stiller ständig gegen ein Bild von Julika kämpfte, das niemals der Wirklichkeit entspricht. Er arbeitet mit einer Fiktion von Julika und zerrüttet die Beziehung. Julika erkennt dieses gefährliche Vorurteil ihres Mannes und sagt: „So also siehst du mich . . . Du hast dir nun einmal ein Bildnis von mir gemacht, das merke ich schon, ein fertiges und endgültiges Bildnis, und damit Schluß. Anders als so, ich spüre es, willst du mich jetzt einfach nicht mehr sehen, nicht wahr? . . . Ich habe in letzter Zeit auch über vieles nachgedacht . . . Nicht umsonst heißt es in den Geboten: Du sollst dir kein Bildnis machen! Jedes Bildnis ist Sünde. Es ist genau das Gegenteil von Liebe, siehst du, was du jetzt machst mit solchen Reden. Ich weiß nicht, ob du‘s verstehst. Wenn man einen Menschen liebt, so läßt man ihm jede Möglichkeit offen und ist trotz allen Erinnerungen einfach bereit, zu staunen, immer wieder zu staunen, wie anders er ist, wie verschiedenartig und nicht einfach so, nicht ein fertiges Bildnis, wie du es dir da machst von deiner Julika. Ich kann dir nur sagen: Es ist nicht so. Immer redest du dich in etwas hinein — du sollst dir kein Bildnis machen von mir! Das ist alles, was ich darauf sagen kann.“

Aber Stiller ist solchen Wahrheiten nicht mehr zugänglich. Er raucht vor sich hin und sagt schließlich unbeteiligt: „Woher hast du das?“ Stiller kann nicht anders, er hält fest an seinem Julika-Bild. Er verläßt die weinende, erschöpfte Julika und ist für viele Jahre für sie verschollen. Er flieht vor der Realität und verschließt sich der Wahrheit, daß er sein Trugbild von Julika revidieren müßte. Stiller scheitert, wie alle Ehepartner scheitern, die sich an Partnervorstellungen klammern, die sie dem geliebten Menschen überstülpen.

In einer Predigt über das zweite Gebot hörte ich einmal:

„Solange wir uns noch kein Bild von einer Sache oder von einem Menschen machen können, fühlen wir uns unsicher, gehemmt oder gar dem Unbekannten gegenüber ausgeliefert. Darum streben wir danach, uns ein Bild zu machen, um der Verhältnisse Herr zu werden, um unseren Mitmenschen beherrschen und manipulieren zu können. Die gleiche Gefahr besteht auch, wenn wir uns liebevoll um einen Menschen bemühen und in guter Meinung doch seine Wirklichkeit verfehlen . . . Als Wunschbilder richten sie sich auf die Zukunft. So werden die Bilder Projektionen unserer Hoffnungen, Erwartungen und Wünsche. Solche Utopien können menschliches Handeln anspornen und beflügeln, aber sie können ebenso dazu führen, daß man an der Wirklichkeit vorbeigeht, ja, daß man sie vergewaltigt und mit Terror und Brutalität nach dem Wunschbild formt, das man sich selbst von der Zukunft macht."[8] Auch in der Ehe führen diese Wunschbilder zur Entfremdung, zur Zerrüttung und zur Vergewaltigung des liebsten Menschen.

FRAGEN ZUR SELBSTPRÜFUNG

Kann ich ehrlich zu mir selbst sagen: Ich liebe meinen Partner, wie er ist, und liebe nicht ein vorgefertigtes Bild, das ich mir im Laufe meines Lebens gemacht habe?

Gibt es Bilder und Vorurteile, die ich vom Partner im Herzen trage, auf die ich ungern verzichten möchte?

Bin ich bereit, solche Bilder infrage zu stellen und meine damit verbundenen Wünsche und Ansprüche abzubauen?

Gibt es konkrete Partnerprobleme, die damit zusammenhängen, daß ich von vorgefaßten Bildern nicht abrücken kann?

Ich entdecke einige feste Bilder, die ich mir vom Lebenspartner gemacht habe.

Zu welchem Zweck habe ich mir solche Vorurteile zurechtgemacht?

Will ich den Partner auf meine Wünsche einschwören?

Hänge ich Erfahrungen meiner Kindheit nach, die ich nicht aufgeben will?

Bin ich auch auf anderen Gebieten intolerant und verzichte nicht auf meine Bilder und Vorurteile?

Kann ich mit einem Partner nicht umgehen, von dem ich glaube, daß ich ihn nicht völlig durchschaut habe?

Regel 8:

Wir werden uns auf keinen Fall am Partner rächen

Das Racheverhalten von Ehepartnern ist verbreiteter, als wir glauben. Vergeltungsgedanken haben ein zähes Leben. Wir erkennen sie an Sprichwörtern und Klagen, die wir Tag für Tag zu hören bekommen.
— Man kann sich doch nicht alles gefallen lassen!
— Auf einen groben Klotz gehört ein grober Keil.
— Wie du mir, so ich dir.
— Das zahle ich dir heim!
— Wer nicht hören will, muß fühlen!
Das sind Reaktionsmuster, wie sie in unserer Welt zu Hause sind.
Was steckt dahinter?
— Der Ehepartner fühlt sich nicht *gleichwertig*;
— der Ehepartner fühlt sich klein und *hilflos*;
— der Ehepartner fühlt sich *unterlegen*;
— der Ehepartner fühlt sich *ausgenutzt*;
— der Ehepartner fühlt sich *betrogen*.
Wer sich aber unterlegen und minderwertig *fühlt*, reagiert boshaft. Er hat das Bedürfnis, den anderen zu strafen, er kann es nicht lassen, sich am anderen zu *rächen*, in ihm wird der Wunsch immer stärker, sein angeschlagenes Selbstbewußtsein aufzubessern.

Das Racheverhalten zeigt viele Gesichter

Einige wollen wir uns anschauen:

Ein Partner geht fremd

Er glaubt sich vernachlässigt, er fühlt sich nicht genügend geliebt und verstanden und holt sich „sein Recht" woanders. Die Entschuldigungen für sein Verhalten fliegen ihm nur so zu:
„Hätte sie mich nicht ständig kritisiert, wäre ich nicht ausgebrochen."
„Er spricht am Abend keine zehn Worte mit mir. Das hält kein normaler Mensch aus."
Theodor Bovet schrieb: „Ehebruch setzt immer eine brüchige Stelle in der Partnerschaft voraus."

Ehebruch ist ein Folgeverhalten. Die Brüchigkeit oder Zerrüttung der Beziehung wurde sicher schon an einer anderen Stelle deutlich. Und der Partner, der am meisten leidet, greift zu bestimmten Mitteln, um sein Los zu ändern.
Einige erzählen dem Partner sogar ihre Eskapaden. Was wollen sie damit bezwecken? Soll er sich mehr anstrengen und Mühe geben? Oder wollen sie ihm einen Denkzettel verpassen? Im Hintergrund steht offenbar Rache.
Ein Beispiel für ein Folgeverhalten, in dem der Betrogene selbst der eigentliche Verursacher war, möchte ich hier zitieren:
„*Sie* hat sein Studium finanziert. Jetzt appelliert sie bei jeder Gelegenheit an seine Dankbarkeit. Er hat das Gefühl, regelrecht von ihr gekauft und moralisch ‚vergattert' worden zu sein. Und dann begegnet ihm irgendwann ein Mädchen, das ihn um seiner selbst willen liebt."[9]
Hat die Frau nicht recht? Und doch. Versetzen Sie sich in den Mann hinein! Er fühlt sich „gekauft" und „eingepfercht". Eines Tages bricht er aus und rächt sich auf seine Weise.

Ein Partner verweigert sich sexuell

Alfred Adler charakterisierte die sexuelle Verweigerung als den „gefährlichsten Nebenkriegsschauplatz". Das heißt, der Krieg zwischen den Partnern hat eine andere Motivation. Die mangelnde sexuelle Bereitschaft ist nicht der Hauptpunkt für eheliche Konflikte. Sexuelles Desinteresse ist nicht die *Ursache*, sondern die Folge (die Rache) für tieferliegende Partnerprobleme.
Frigidität, weibliche Gefühlskälte und Impotenz, männliches sexuelles Unvermögen werden als *Mittel zum Zweck* benutzt. Die Verweigerung geschieht mehr unbewußt. Hingabe ist ein Zeichen innerer Verbundenheit und letzter Übereinstimmung. Fühlt sich ein Partner aber
— ausgenutzt,
— nicht verstanden,
— entwertet,
— gedemütigt
— und im Stich gelassen,
kann er seinen Ehegefährten mit Frigidität oder Impotenz bestrafen.
Alfred Adler hat das Lebensgefühl der frigiden Frau mit „männlichem Protest" umschrieben. Die Frau fühlt sich benachteiligt, er-

lebt ihr Geschlecht als minderwertig und begegnet dem Vorurteil des sich überlegen aufspielenden Mannes. Auf diesem Hintergrund können sich Gefühle der Schwäche, der Rechtlosigkeit, der Hilflosigkeit und Erniedrigung profilieren. Die Frau hadert dann mit ihrem Schicksal, wird aggressiv und rachsüchtig und protestiert auf ihre Weise gegen den Mann.

Ein Partner operiert mit Selbstmord

Eine besonders schwere Form der *Rache* sind Selbstmordversuche und Selbstmord.

Eine Ratsuchende, die zwei Selbstmordversuche hinter sich hatte, erzählte mir in einem Gespräch einen Traum: „Ich lag im Sarg und wohnte sozusagen meiner eigenen Beerdigung bei. Die Gruft war bereits ausgehoben und die Träger hatten einen Sarg schon heruntergelassen. Oben am Rand sehe ich meinen Mann stehen, neben ihm unsere beiden Kinder. Mein Mann weint bitterlich. Er wird von jemand gestützt, den ich nicht erkennen kann."

Die Deutung ist ziemlich klar. Ich frage die Ratsuchende, was ihr Hauptgefühl beim Aufwachen gewesen sei, und sie sagt: „Ich verstehe es selber nicht, aber ich war nicht erschüttert. Irgendwie habe ich sogar ein Gefühl der Befriedigung gehabt."

Die Frau ist *befriedigt*. Sie hat in erster Linie ihren Mann treffen wollen. Im Traum läßt sie ihrer Rache freien Lauf. Jetzt soll er leiden. Der Selbstmord seiner Frau soll ihm ein Leben lang nachlaufen. Für alles Unrecht soll er büßen. So ist Vergeltungsstreben oft die letzte Phase offener Feindschaft in der Ehe. Wer mit Selbstmordabsichten spielt, ist tief von Verzweiflung und Hilflosigkeit zerrissen. Wer mit Selbstmord spielt, hat das untrügliche Gefühl, zu kurz gekommen, zurückgesetzt, mißachtet und vernachlässigt zu sein. Jeder, der mit Rachegedanken operiert, hat mir bestätigt, wieviel Zeit und Geduld, wieviel Grübeln und Nachdenken er für sein schändliches Tun vergeudet hat.

Was können die Ehepartner tun?

Sie fragen nach dem Zweck ihrer Verhaltensweisen

Sie fragen *nicht* nach der Ursache, sondern nach dem Ziel: „*Wohin* soll uns diese gegenwärtige Spannung und Disharmonie führen? *Wozu* erleben wir diese Enttäuschungen, dieses Leid?"

Eine solche Frage ist auf die Zukunft gerichtet, und ihre Beant-

wortung ergibt viel eher Hinweise für eine aufbauende und bejahende Einstellung als die Frage nach dem *Warum*, die in der Vergangenheit verhaftet ist und notwendig in eine Verurteilung mündet. Das Warum schafft Schuldige, das Wozu Hoffende.
Auch in der Beratung habe ich erlebt, daß die Frage: „Warum haben Sie sich so oder so verhalten?“ nur Rechtfertigungen, Verurteilungen und Schuldsprüche veranlassen. Frage ich dagegen: „Was können Sie besser machen? Was wollen Sie in dieser Stunde mitnehmen, das Sie hilfreich im Zusammenleben einsetzen können?“, eröffne ich sofort neue Möglichkeiten für das Morgen.

Was kann ich für ihn, nicht gegen ihn tun?

Im Römerbrief heißt es: „Die Liebe tut dem Nächsten nichts Böses; also ist die Liebe die Erfüllung des Gesetzes“ (Römer 13, 10). Wer aufrechnet, verschlimmert sein eheliches Leid. Es ist auch völlig falsch, den rachsüchtigen Partner auf sein Unrecht aufmerksam zu machen. Vorwürfe werden in der Regel mit Rechtfertigung beantwortet. Die Rechtfertigung erzeugt neue Angriffe.
In der Eheberatung gibt es eine Frage, die legitim und wesentlich ist: „Was kann ich für ihn, nicht gegen ihn tun?“ Wenn der Partner Sie angreift, ist er offensichtlich ein Mensch, der Hilfe braucht. Was können Sie unternehmen, um das zu ändern? Wer sich verteidigt, wetzt das Messer. Er denkt über zugefügtes Unrecht nach und führt einen Gegenangriff. Er ist mit sich beschäftigt, verfällt in Selbstmitleid und Depression und kann nicht Böses mit Gutem vergelten. Das aber ist Gottes Geheimwaffe.
In Römer 12, 17 heißt es: „Befleißigt euch der Ehrbarkeit gegen jedermann.“ Wörtlich steht da: „Plane, das zu tun, was in den Augen aller Menschen recht ist.“ Wer Gutes plant, Positives und Hilfreiches, kann keine Rachepläne ausbrüten. Daher sagt Paulus: „Liebe ist des Gesetzes Erfüllung.“ Liebe brütet Gutes aus, und zwar für den anderen. Ein kleines Lächeln, ein glücklicher Ausdruck der Geduld, ein Kuß voll Zartheit, ein Wort aufrichtiger Zuneigung können Wunder tun.

Häßlichkeit mit Liebe parieren

„Achtet darauf, daß niemand einem anderen Böses mit Bösem vergelte, befleißigt euch vielmehr allezeit des Guten gegeneinander und gegen alle Menschen“ (1. Thessalonicher 5,5).
„Laß dir nicht vom Bösen eine Niederlage beibringen“, lautet eine

andere Übersetzung. Mit Rachegedanken beleidigen wir unseren Herrn. Heimzahlen stellt unser Christsein in Frage. Rache befriedigt den alten Adam. Die christliche Lebensregel für zwischenmenschliches Miteinanderumgehen hat Paulus formuliert: „Man schilt uns, so segnen wir; man verfolgt uns, so dulden wir's; man lästert uns, so reden wir freundlich" (1. Korinther 4, 12—13). Vielleicht ist das für den Durchschnittsbürger der komplette Schwachsinn. Es ist aber auch nicht ausgeschlossen, daß Haß, Feindschaft und Kriege die Menschen deshalb weltweit auseinanderreißen, weil dieses fundamentale christliche Gebot mißachtet wird. Was verlieren wir, wenn wir in der Ehe damit beginnen?

Das ungewollt gewollte Kind

Elfriede ist 17 und hat auf dem Schützenfest in der Heide einen netten jungen Mann kennengelernt. Er ist von zu Hause ausgerissen und sucht eine Bleibe. Elfriede hat viel Verständnis für den Mann. Zu Hause hat sie einen überstrengen Vater, der in seiner Jugend zwar ein „Hallodri" war, jetzt aber um so gewissenhafter und moralischer mit seinen Kindern verfahren will: „Kommst du mir mit einem Kind nach Hause, fliegst du auf der Stelle hinaus." Elfriede nimmt den Satz sehr ernst und sieht sich schon auf der Straße liegen. Sie ist wütend auf den Vater und *rächt sich* auf ihre Weise. Zweimal ist sie ausgerissen, der Knute des Vaters entwischt, die Polizei hat sie zurückgebracht, und das Donnerwetter und die prophetischen Ratschläge: „Du landest noch mal in der Gosse!" haben das Mädchen in seiner Haltung bestärkt.
Elfriede verliebt sich auf dem Schützenfest spornstreichs in den Mann und klammert sich intensiv an den zukünftigen Vater eines halb gewollten, halb ungewollten Kindes. Geschlechtsverkehr findet nach zwei Zusammentreffen statt, Verhütungsmittel hält das Mädchen für überflüssig. Beide schmieden Pläne für eine gemeinsame Zukunft — vor allem ohne Eltern und Schwiegereltern. Das Kind meldet sich an, Elfriedes Vater bläst zum angekündigten Angriff, und Elfriede entschwindet mit dem Mann über alle Berge. Zwischen Vater und Tochter spielt sich ein Machtkampf ab, der mit Rachegefühlen durchtränkt ist.
Ich: „Und jetzt sind Sie glücklich?"
Sie: „Halb und halb."
Ich: „Wie darf ich das verstehen?"
Sie: „Meine Eltern können mir ja nun nichts mehr anhaben. Was

wollen die machen! Das Gericht gibt uns bestimmt die Einwilligung zu heiraten. Wir sind beide froh, von den Eltern loszukommen. Das mit dem Kind ist ja nicht so angenehm. Aber die haben's ja nicht anders gewollt."
Ich: „Wären Sie lieber ohne?"
Sie: „Auf der einen Seite ja, auf der anderen Seite würden die Eltern uns jetzt zurück nach Hause zwingen. Was hätten wir denn sonst machen sollen?"
Ich: „Wollen Sie damit sagen, daß Sie das Kind gemeinsam gewollt haben?"
Sie: „Gesprochen haben wir nie darüber. Mir war's von Anfang an egal. Hauptsache weg von zu Hause." (Sie macht eine kleine Pause und fährt dann fort:) „Richtig beglückt hat mich der Verkehr bis heute nicht, aber schließlich ist mir der Mann als Freund und Partner wichtiger als das bißchen Sex."
Die Atmosphäre des Elternhauses und der Druck des Vaters trieben die einzige Tochter in die Hände des Liebhabers. Geborgenheit,Wärme und Nähe in seinen Armen waren dem Mädchen wichtiger als sexuelle Erfüllung. Halb bewußt, halb unbewußt wünschte es sich ein Kind, benutzte den Geschlechtsverkehr als Mittel zum Zweck und erkaufte sich eine zweifelhafte Freiheit. Unterschwellig wird die Rache am Vater und am Freund deutlich. Beiden hat sie einen Streich gespielt.

FRAGEN ZUR SELBSTPRÜFUNG

Kann ich von mir sagen, daß Rachegefühle — in welcher Form auch immer — meinem ehelichen Verhalten fremd sind?

Welche Situationen und Begebenheiten fallen mir ein, wo ich dem Partner „einen Streich gespielt" und wo ich ihm ein bestimmtes Unrecht heimgezahlt habe?

Gibt es Begebenheiten in der Vergangenheit, wo ich meinen Partner wissend in sein Unglück habe rennen lassen, um ihn für erlittenes Unrecht zu bestrafen?

Wenn ich vermutete, daß mein Partner fremdging, habe ich ihn dann kontrolliert und beobachtet?

Hatte ich das dringende Bedürfnis, ihn zu überführen und hereinzulegen?

Spiele ich in der Phantasie mit Rachegedanken, um meinen Partner für bestimmte Verhaltensweisen zu bestrafen?

Huldige ich auch dem Grundsatz: „Gleiches Recht für alle!" und räche mich damit am Partner aufgrund einer einleuchtenden Entschuldigung?

Stelle ich gern meinen Partner vor anderen bloß — vor Eltern, Schwiegereltern und Freunden —, um ihn eindrücklich zurechtzuweisen?

Kann es sein, daß ich sogar Krankheiten benutze, um den Partner zu zwingen, sich um mich zu kümmern und für mich da zu sein?

Regel 9:

Wir bejahen die Fähigkeit zur Selbstabgrenzung

- ☐ Ehe beinhaltet Zweisamkeit;
- ☐ Ehe beinhaltet Verschmelzung;
- ☐ Ehe beinhaltet aktive Hingabe.
- ☐ Ehe beinhaltet: Aus du und ich entsteht das Wir.
- ☐ Ehe beinhaltet: Aus zwei wird eins, das ist die *eine* Seite.

Ehe bedeutet aber *auch:*

- ☐ Hingabe und Selbstabgrenzung,
- ☐ Zusammensein und Alleinsein,
- ☐ Gemeinsamkeit und Selbstbehauptung,
- ☐ Verschmelzung und Distanz.

Zwei Partner können Minuten und Stunden völlig *eins* werden. Sie könnten ineinander aufgehen, aber sie benötigen die Fähigkeit, sich abzugrenzen. Die Originalität jedes Partners muß geachtet bleiben. Die Selbständigkeit der Liebenden darf nicht in Frage gestellt werden. Die Fähigkeit zur Hingabe ist eine notwendige Voraussetzung für die Bildung einer ehelichen Partnerschaft. Sich anlehnen zu können und zu wollen kann aber auch in zu große Abhängigkeit und in Unterwerfung und Hörigkeit führen. Der Unterwürfige spielt dem Partner zu große Macht in die Hände und liefert sich ihm damit aus.

Beide Partner müssen in der Lage sein, sich selbst zu behaupten, sich eigenständig und unabhängig in der ehelichen Gemeinschaft zu bewegen, sich auch vom Partner abzugrenzen, um ihm nicht hörig zu werden. Wenn es ihnen nicht gelingt, sich vom anderen unabhängig zu halten, wird sich einer von ihnen oder beide gegenseitig sich mit Haut und Haaren ausliefern. Ehe verlangt Hingabe, aber keine Unterwerfung. Das ist der Unterschied.

Die völlige Hingabe der Liebenden bedeutet ein hohes Maß an Beglückung. Ohne völlige Hingabe kommt es zu Partnerschaftsstörungen. Die Harmonie ist gefährdet. Im Zusammenleben bauen sich Mauern auf. Völlige Hingabe kann aber nicht *totale Selbstaufgabe* bedeuten. Der Partner verliert dann sein Ich. Er gibt seine Persönlichkeit auf und wird zum lästigen Anhängsel.

Der Amerikaner Thomas Gordon schreibt in seinem Bestseller: „Familienkonferenz" über solche Väter und Mütter, die sich in der Erziehung *aufgeben,* die ihre Autorität und ihre Achtung ver-

lieren, weil sie ihren Kindern *nachgeben*, weil sie sich *anpassen* und es nicht verstehen, sich entsprechend abzugrenzen:
„Die meisten Methode II-Eltern — das heißt: Kinder siegen und Eltern geben nach — sind nicht bereit, auf eine autoritative Einstellung umzuschalten, weil sie es grundsätzlich ablehnen, Kindern gegenüber Autorität anzuwenden, oder weil es ihnen ihre eigenen Charaktere nicht erlauben werden, den notwendigen Nachdruck auszuüben. Ich habe viele Mütter und sogar ein paar Väter gekannt, die Methode II bequemer finden, weil sie sich vor Konflikten mit ihren Kindern (und meistens auch mit allen anderen) fürchten. Anstatt sich der Gefahr auszusetzen, den Kindern ihren eigenen Willen aufzuzwingen, wählen solche Eltern die Einstellung ‚Frieden um jeden Preis' — Aufgeben, Beschwichtigen, Kapitulieren."[10]
Gordon hat klar erkannt, daß sich die Eltern (Frauen und Männer) nicht nur bei ihren Kindern so verhalten, sondern bei anderen Menschen auch. Der „andere" ist nicht selten der Ehepartner. Und warum tut er das? Es gibt viele Antworten:

— Er fürchtet sich vor Konflikten und ordnet sich dem Partner unter;
— er hat Angst, dessen Liebe zu verlieren, und stellt seine Meinung hintenan;
— er will seinen Partner nicht zwingen und nicht manipulieren und büßt dabei seine Eigenständigkeit ein;
— er will Frieden um jeden Preis und kapituliert vor den Meinungen des Partners.

Was hat das für Konsequenzen?

Die Selbstachtung wird untergraben

Der Ehepartner, der ständig nachgibt, verliert seine Selbstachtung. Da aber nur zwei *gleichwertige* Menschen sich lieben und achten können, darf die Selbstachtung in der Ehe nicht untergraben werden. Wer die Selbstachtung aufs Spiel setzt, beginnt, den Partner zu hassen.

Mangelnde Selbstachtung führt zu Aggression

Mit starken Minderwertigkeitsgefühlen oder -komplexen wird die eheliche Beziehung nicht unerheblich belastet. Aggressionen können sich dann in unterschiedlicher Weise auswirken. Die Aggression, die nach *außen* gelenkt wird, kann womöglich den Partner

treffen. Je größer die Hörigkeit oder Abhängigkeit, desto intensiver die Aggression. Denn Liebe und Haß sind nur die beiden Seiten einer Medaille.
Die Aggression kann sich auch nach *innen* richten. Eine Möglichkeit ist die Depression, die man auch als „Wut nach innen" bezeichnen kann. Der Partner wird — oberflächlich gesehen — geschont, die Angst, ihn zu verlieren, ist groß. Aber auch die Selbstaggression ist ein Pfeil, der auf den Lebenspartner gerichtet ist. Wieder entdecken wir ein Racheverhalten, das sich unbewußt und unverstanden im Menschen abspielt.

Was können wir praktisch tun?

Ich muß wissen, was ich will

Der Gedanke klingt egoistisch, ist aber ein wesentlicher Bestandteil des Kardinalsatzes aus dem Alten und Neuen Testament: „Liebe deinen Nächsten wie dich selbst."

- ☐ Nächstenliebe *und* Selbstliebe gehören zusammen.
- ☐ Nächstenliebe *und* Selbstbehauptung sind lebensnotwendig.
- ☐ Nächstenliebe *und* Selbstabgrenzung schließen sich nicht aus.

Wer nicht weiß, was er will, gerät in zu große Abhängigkeit von seinem Partner. Viele Ehepartner glauben, sie könnten nur auf die Initiative ihres Partners *reagieren*. Sie reden sich ihre Abhängigkeit selbst ein. Bei Licht besehen haben sie sich selbst abhängig *gemacht*. Sie fühlen sich als kraftlose Marionetten.

— Wir sind für unsere Reaktionen selbst verantwortlich;
— wir bestimmen, was wir tun wollen;
— wir entscheiden, ob wir reagieren, und bestimmen selbstverantwortlich die nächsten Schritte.

Mann und Frau müssen jeder für sich lernen, weniger zu *reagieren* und statt dessen mehr zu *agieren*, selbst Verantwortung für das gemeinsame Leben zu übernehmen. Wer nur reagiert, läßt sein Handeln vom andern bestimmen. Er fühlt sich dazu gezwungen. Deshalb reagiert er schnell gekränkt, wird aggressiv, handelt impulsiv und wirkt auf die Umgebung belastend.
Spontaneität spiegelt innere Freiheit, verdeutlicht Selbstbehauptung und Selbstabgrenzung. Ich sage, was ich denke, ich sage, was ich möchte. Impulsivität und Jähzorn sind Symptome von Aggressivität. Ich habe geschluckt und reagiere verbittert.
Wenn ich weiß, was ich will, kann ich *ruhig* und *fest* über alles mit

meinem Partner reden. Ich begegne ihm gleichwertig und nicht unterlegen. Wenn ich weiß, was ich will, begegne ich dem Partner mit *Selbstachtung* und habe keine Angst, mich ihm auszuliefern.

Ich unterwerfe mich nicht kritiklos

Die beste Lösung für eine eheliche Zweierbeziehung ist der Mut, Probleme und Konflikte durch *gegenseitige Übereinstimmung* zu lösen. Wie können Eheleute zu einer solchen Lösung kommen? Jeder besitzt soviel Selbstachtung, daß er nicht mit Angst auf den Partner reagiert. Angst zerstört das Selbstwertgefühl, macht gefügig und unterwürfig. Dann paßt sich ein Partner an, aber nicht aus Überzeugung, sondern aus Angst und Schwäche. Er unterwirft sich, verschluckt seine Kritik und läßt sich manipulieren. Kritik aber, die aus Schwäche vermieden wird, ruft leicht Störungen im seelischen Bereich und im Körper hervor. Was der Mensch glaubt herunterschlucken zu müssen, schlägt ihm auf die Organe. Anpassung um jeden Preis stiftet nur vordergründigen Frieden. Im Innern brodelt es. Wer Auseinandersetzungen meidet, schürt ungewollt einen „kalten Krieg". Die Unterwerfung ist menschlich und unchristlich zugleich. Sie hat mit Demut nichts zu tun.

Friso Melzer macht in seinem Wörterbuch darauf aufmerksam, daß Demut das Wort *Mut* mitenthält. Es meint Courage, Wille und Tatkraft. Wörtlich schreibt er: „Der eigentliche Gegensatz zu Hochmut ist nicht Demut, sondern Kriecherei und Unterwürfigkeit, also jene Haltung, die fälschlicherweise von Unkundigen mit Demut gleichgesetzt wird."[11]

Der Demütige weiß, was er will. Er geht selbstbewußt seinen Weg. Und wo er dient, tut er es völlig freiwillig. Diese Freiwilligkeit ist beim Unterwürfigen in Frage gestellt. Ihn kennzeichnet *Angst*, die Liebe des anderen zu verlieren. Sehr oft ist diese Angst aber ungerechtfertigt. Und darum muß der Unterwürfige lernen:

☐ Ich darf mich kritisch äußern, ohne fallengelassen zu werden;
☐ ich darf meine Meinung sagen, ohne verstoßen zu werden;
☐ ich darf mich abgrenzen, ohne Mauern aufzurichten;
☐ ich darf mich selbst behaupten, ohne als Egoist hingestellt zu werden.

Damit wird Übereinstimmung auch bei Problemen und Konflikten möglich: Beide Eheleute haben sich offen geäußert, sich gegenseitig ihre Kritik, ihre Wünsche und Schwierigkeiten gesagt und sind zusammen zu einer Lösung gekommen, die beide Seite befriedigt. Hätte nur der eine seine Wünsche geäußert und der andere sich ihm wortlos angepaßt, obwohl er sich etwas anderes wünschte, wären Unzufriedenheit oder Aggressivität die Folgen gewesen.

Wenn der Ehepartner klammert

Die Tiefenpsychologen arbeiten gern mit vier Persönlichkeitstypen, die das Thema Selbstabgrenzung und Selbstbehauptung, wie ich meine, überzeugend widerspiegeln. Die vier Persönlichkeitstypen sind ursprünglich an seelisch Kranken festgestellt worden. Im Grunde gehören wir aber alle dazu und verdeutlichen mehr oder weniger die Züge
— der schizoiden Persönlichkeit,
— der depressiven Persönlichkeit,
— der zwanghaften Persönlichkeit,
— der hysterischen Persönlichkeit.
Die vier Persönlichkeitstypen sind der Versuch, den Menschen in seinem Wesen, Denken, Fühlen, Wollen, Handeln und Leben zu verstehen. Sowohl die positiven als auch die negativen Seiten, die normalen wie die krankhaften Züge sollen mit dem Denkmodell eingefangen werden. Es ist ein Modell, denn in reiner Form existiert nirgendwo solch ein Mensch. Die Tiefenpsychologie geht davon aus, daß ein idealer Mensch von jeder Struktur etwa 25 % in sich vereinige. Denn jede Persönlichkeit braucht schizoide, depressive, zwanghafte und hysterische Eigenschaften. Welche Verhaltensweisen drücken die vier Persönlichkeitsstrukturen aus?
Die *schizoide* Persönlichkeit ist durch Distanz, Unabhängigkeit, Kühle, Sachlichkeit und Eigenständigkeit gekennzeichnet.
Die *depressive* Persönlichkeit ist das Gegenstück der schizoiden. Sie ist durch Abhängigkeit, Anhänglichkeit und Verlustängste gekennzeichnet.
Die *zwanghafte* Persönlichkeit ist die absichernde, ordentliche, gewissenhafte, saubere Ordnung und Gesetz liebende Struktur.
Die *hysterische* Persönlichkeit ist das Gegenstück zur zwanghaften. Sie ist durch Risikobereitschaft, Kreativität, Spontaneität, Großzügigkeit und Begeisterungsfähigkeit gekennzeichnet.
Ein gesunder Mensch braucht alle vier Impulse, braucht die positiven Elemente der verschiedenen Strukturen, um sich in dieser Welt gesund und seelisch stark zu behaupten. Das folgende Bei-

spiel soll zeigen, was geschehen kann, wenn zwei Menschen zusammenkommen, von denen der eine überstark schizoide und der andere überstark depressive Eigenschaften lebt:

Frau Weiß sucht die Beratung auf und ist todunglücklich über ihren Ehemann, der sie kalt und lieblos wie einen x-beliebigen Gegenstand behandele. Er zeige keine Wärme, wenig Gesprächsbereitschaft, er brauche ihre Nähe kaum und reagiere kalt und gefühllos.

„Das ist der klassische Junggeselle. Ich möchte mal wissen, warum der geheiratet hat. Er braucht eine Hausgehilfin, aber keine Ehefrau. Ein Computer täte es auch, wenn der alle anfallenden Hausarbeiten verrichten könnte."

Ich: „Sie wollen also sagen, Ihr Mann ist gefühllos, herzlos und liebesunfähig!"

Frau Weiß: „Liebesunfähig, jawohl, das ist er — er braucht keine Wärme und kann erst recht keine geben. Ich erfriere in seiner Nähe. Er behandelt mich wie ein Stück Holz!"

Frau Weiß ist selbst der abhängige, warmherzige und liebebedürftige Typ. Sie möchte am liebsten wochentags und sonntags *eins* mit ihrem Mann sein. Sie möchte Nähe erfahren, muß sprechen und sich mitteilen und kann die Probleme nicht in ihrem Herzen bewegen, wie das offensichtlich ihr Mann tut. Die Beratung ergibt,

— daß Frau Weiß den Mann mit ihrer Sehnsucht nach Zuwendung immer mehr in die Verteidigung gedrängt hat;
— daß Herr Weiß sich immer mehr von der Ehe und der Familie abgesondert hat, um seine Ruhe zu haben;
— daß Frau Weiß ihren Ärger und ihre Enttäuschung immer deutlicher und aggressiver ausgelebt und damit den Partner zum völligen Schweigen ermutigt hat;
— daß Herr Weiß wiederum seinen Rückzug als Entschuldigung versteht, um nicht angegriffen und beschimpft zu werden.

Frau Weiß und Herr Weiß sind das unglückliche Zusammenspiel einer stark depressiven und einer stark schizoiden Persönlichkeitsstruktur. Frau Weiß kennt nicht die Fähigkeit der *Selbstabgrenzung*. Jedes Alleinsein versteht sie als Liebesentzug. Das Schweigen des Mannes deutet sie als Lieblosigkeit. Sie klammert sich an ihn und treibt ihn damit aus dem Haus. Am liebsten möchte sie ihn an sich ketten und zerstört damit seine notwendige Eigenständigkeit. Wenn Frau Weiß lernt, sich abzugrenzen und zu behaupten, ohne den Partner zu vereinnahmen, lernt der schizoide Partner sein Schweigen aufzugeben und sein bestrafendes Rückzugsverfahren einzuschränken. Es stimmt: Die Ehe kennzeichnet Gemeinsamkeit, sie beinhaltet aber auch Eigenständigkeit und Distanz.

FRAGEN ZUR SELBSTPRÜFUNG

Kann ich die Notwendigkeit der Selbstabgrenzung bejahen oder sehe ich darin ein liebloses und eheschädigendes Verhalten?

Was will ich damit erreichen, wenn ich mein Eigenleben und meine Persönlichkeit aufgebe und mich vom Partner vollkommen abhängig mache?

Bange ich um die Liebe des Partners, gebe ich viele Eigeninitiativen auf, unterwerfe mich und bin ihm hörig?

Was tue ich, wenn ich den Eindruck habe, daß sich der Partner über Gebühr distanziert und sein Eigenleben betont?

Begegne ich ihm mit Vorwürfen, mit Anklagen oder mit Erpressungen?

Gelingt es mir, das Thema ruhig zur Sprache zu bringen, um eine Lösung, die beiden Partnern gerecht wird, zu erreichen?

Erkenne ich, daß Schweigen, Rückzug, Überstunden und auswärtige Abendverpflichtungen ehestörende Selbstabgrenzungen bedeuten? Will ich damit meinen Partner bestrafen oder in seine Schranken verweisen?

Benutze ich diese Verhaltensmuster als Flucht, um dem Gespräch mit dem Ehegefährten auszuweichen?

Wenn ich Hingabe *und* Distanz als zwei notwendige Verhaltensmuster im Eheleben erkenne: Welche Schritte unternehme ich, um das Gleichgewicht zu gewährleisten?

Welche Schritte will ich vermeiden, die bisher zu stärkeren Ehekonflikten geführt haben?

Regel 10:

Wir bemühen uns, Ich-Botschaften anstelle von Du-Botschaften auszusprechen

☐ Du-Botschaften stempeln, wenn sie negativ formuliert sind, den Partner zum *Sündenbock;*
☐ Du-Botschaften klingen wie Anklagen und *Vorwürfe;*
☐ Du-Botschaften sind dann *Beschuldigungen;*
☐ Du-Botschaften *treffen*;
☐ Du-Botschaften *verletzen*;
☐ Du-Botschaften *kränken*.
— „*Du* legst ein unmögliches Verhalten an den Tag!"
— „*Du* bringst mich noch ins Grab, wenn du so weitermachst!"
— „*Du* kannst es nicht lassen, mich dauernd zu verletzen!"
— „*Du* bist an dem ganzen Theater unserer Ehe schuld!"
— „*Du* treibst mich noch aus dem Haus!"

Der Fehler ist, daß der Ehepartner immer genau weiß,
— was *der andere* falsch gemacht hat,
— was *der andere* ändern muß,
— wo *der andere* versagt hat,
— warum *der andere* die Schuld trägt.

Er lenkt von sich ab auf den Partner. Er sieht nur den Splitter im Auge des anderen, aber nicht den Balken im eigenen Auge. Er drückt sich vor der Verantwortung, seinen Anteil des Konfliktes ernst zu nehmen.

Du-Botschaften sind Vorurteile

Der römische Philosoph und Kaiser Marc Aurel hat schon vor 2000 Jahren den Satz formuliert, der in der Psychologie heute eine große Rolle spielt: „Der Mensch ist das, wozu ihn seine Gedanken machen." Und Alfred Adler griff diese Aussagen auf und schrieb: „Nicht die Tatsachen bestimmen unser Leben, sondern wie wir sie deuten."
— Du-Botschaften sind *Behauptungen*, die von meiner subjektiven Deutung geprägt sind;
— Du-Botschaften sind *Urteile*, die wie objektive Aussagen klingen;

— Du-Botschaften sind *Meinungen*, die für Tatsachen ausgegeben werden.

Da liegt der Fehler. Kein Mensch kann Ereignisse, Erlebnisse und Erfahrungen — auch im ehelichen Bereich — objektiv darstellen. Wir schauen durch unsere Brille. Wir beurteilen ein Ergebnis aufgrund unserer Lebenserfahrung und gehen mit Optimismus oder Pessimismus an das Ereignis heran. Leicht verzerren wir die Wahrheit aufgrund unserer subjektiven Wahrnehmung.
Was sind die Folgen von Du-Botschaften?

Der Ehepartner reagiert trotzig

Vorwürfe rufen bei Kindern wie bei Erwachsenen Trotz hervor. Je schlimmer die Kritik, desto passiver oder aktiver der Widerstand. Widerstand und Trotz können sich in vielfältigen Formen äußern. Rückzug, Distanz und eine gedrosselte mündliche Verständigung sind beliebte Methoden. Im sexuellen Bereich kann besonders der weibliche Partner seine Ablehnung zeigen.

Der Ehepartner fühlt sich schuldig

Er wird mit Anklagen überhäuft und glaubt, an der Ehemisere schuld zu sein. Sich schuldig fühlen beruht auf einem zweiseitigen Geschehen: Ein Partner verteilt Schuldzuweisungen in Form von Du-Botschaften („*du* machst immer . . .“, „*du* regst mich auf mit . . .“), der andere nimmt sie auf und fühlt sich schuldig. Objektiv sind diese Schuldzuweisungen unfair und lieblos. Und es gehört jeweils ein schwacher Partner dazu, der sich „den Schuh anzieht“. Beschuldigungen sind ungeistlich und unpartnerschaftlich und selten dazu angetan, Änderungen hervorzulocken. Wer verurteilt, fühlt sich stark und überlegen. Seine Beschuldigungen haben unbewußt oder bewußt den Sinn, den Partner zu schwächen und ihn untertan zu machen.

Der Ehepartner verliert die Selbstachtung

Beschuldigungen entwerten und untergraben das Selbstwertgefühl. Menschen, die sich selbst nicht achten, werden depressiv oder aggressiv. Sie geben aus Schwäche und Resignation nach, und dieses Verhalten läßt sie wütend auf sich selbst werden.

Der Ehepartner fühlt sich ungeliebt

Ständige Vorwürfe zerstören die Liebesbeziehung. Der Ungeliebte zieht sich zurück, verschließt sich und reagiert gekränkt.

Der Ehepartner reagiert mit Gegenangriffen

Du-Botschaften verleiten dazu, mit Gegenmaßnahmen zu kontern. Die Angriffe beinhalten die gleiche Sündenbockmoral:
- „*Du* bist auch nicht besser!"
- „*Du* bist genauso unordentlich!"
- „*Du* müßtest dich mal erleben!"
- „*Du* kannst nur kritisieren und rummeckern!"

Ich-Botschaften rufen weniger Widerstand hervor

Wenn wir gegenüber unserem Partner deutlich werden lassen, daß wir subjektiv unseren Eindruck vermitteln, hören die fatalen Beschuldigungen auf. Es klingt ganz anders, wenn wir sagen:
- *Ich* habe den Eindruck, daß wir unmöglich miteinander umgehen;
- *ich* kann mir vorstellen, daß ich das nicht mehr lange aushalte, wenn *wir* so weitermachen;
- *ich* erlebe das so, entschuldige bitte, als wolltest du mich verletzen. Kann das sein?;
- *ich* kann mir vorstellen, daß wir beide das Problem ohne Kampf lösen;
- *ich* habe den Eindruck, daß ich dich ganz schön geärgert haben muß.

Wo liegt der Vorteil solcher Formulierungen?
- *Ich*-Botschaften klagen nicht an;
- *Ich*-Botschaften beschämen den Partner weitaus weniger;
- *Ich*-Botschaften rufen geringeren Widerstand hervor;
- *Ich*-Botschaften reizen den anderen, über den Konflikt ernsthaft nachzudenken;
- *Ich*-Botschaften motivieren den Partner zu überlegen, was beide besser machen können;
- *Ich*-Botschaften machen deutlich, daß jemand eine bestimmte *Vermutung* hat, aber keine *Behauptung* aufstellt.

Mit der Ich-Botschaft gibt der Ehepartner zu verstehen, daß er *immer* bei einem Konflikt mitbeteiligt ist. Zum Streiten gehören zwei — einer, der anfängt und einer, der den Streit aufgreift. Wenn ein Partner grundsätzlich nicht mitspielt, kommt kein Streit zustande. Bleibe ich *ganz* bei mir, lasse ich versteckte Du-Botschaften aus dem Spiel.

Nicht: „*Du* regst mich auf!", sondern: „*Ich* bin erregt!"
Nicht: „*Du* bist eine Plage!", sondern: „*Ich* fühle mich bedrückt."

Die Retourkutsche

Herr Dreyer kommt das erste Mal in die Beratung. Er legt Wert darauf, allein zu kommen. Ich frage ihn, was für Probleme ihn bewegen.

„Unsere Ehe ist ein Trümmerhaufen. Meine Frau ist ein Eisblock. Wenn ich sie anrühre, um sie zu streicheln, schiebt sie mich weg. Die kleinste Annäherung empfindet sie als Zumutung. Sie lehnt mich ab und behandelt mich wie einen Untermieter. So stell ich mir eine gute Hausgehilfin vor, aber nicht eine Ehefrau. Sie dekkelt mich, wo sie geht und steht, sie hat unsere Ehe kaputtgemacht."

Ich: „Was haben Sie unternommen, das ehezerstörende Verhalten zu verbessern?"

Er schaut mich aus großen Augen an.

„Vor so viel Geschimpfe und Kritik habe ich mich zurückgezogen. Mir blieb wirklich nichts anderes übrig."

Acht Tage später kommt die Frau in die Beratung.

„Damit Sie sich ein richtiges Bild von meinem Mann machen können, bin ich gekommen. Er ist stumm wie ein Fisch. Er läßt sich von vorn und hinten bedienen und wird nur zärtlich, wenn er mit mir ins Bett will. Ich habe solche Aggressionen entwickelt, daß ich ihn nicht mehr riechen kann. Mein Mann ist die große Enttäuschung meines Lebens. Er hätte sich besser eine Hausgehilfin genommen, aber nicht eine Frau zum Heiraten. Wenn er abends gegessen hat, sitzt er vorm Fernseher oder bastelt im Keller, am Wochenende tobt er sich sportlich aus. Ich bin mutterseelenallein."

Ich: „Sie haben sehr einfühlsam Ihren Gatten geschildert. Können Sie sich vorstellen, daß seine Reaktionen auch mit Ihnen zu tun haben?"

Sie: „Sicher. Ich bin auch kein Engel. Aber meinen Sie nicht auch, solche Verhaltensweisen sind ehefeindlich? Ich wundere mich, daß ich es überhaupt noch bei ihm aushalte!"

Die dritte Sitzung haben wir gemeinsam. Beide sitzen wütend da, schauen sich mit keinem Blick an und warten auf ein Echo von mir.

Ich: „An welcher Stelle möchte jeder von Ihnen ansetzen, um das Eheklima zu verbessern?"

Er: „Zunächst möchte ich mal feststellen: Solange meine Frau mich Abend für Abend beschimpft und sich wie ein Eisblock verhält, sehe ich keine Veranlassung, meine Einstellung zu verändern. Ihre Vorstellung von Ehe — wenn sie überhaupt eine hat — macht es mir unmöglich, ihr entgegenzukommen."

Sie: „Sie hören es ja, Herr Ruthe, er denkt gar nicht daran, mir entgegenzukommen. Er lebt egoistisch nur für sich. Ich kann ja neben ihm erfrieren!"

Was zeigen uns die kurzen Gesprächsausschnitte?

— Beide Partner äußern nur sündenbockorientierte Du-Botschaften. Den Fehler des anderen sehen sie vergrößert, die eigenen Fehler werden von beiden verleugnet.
— Du-Botschaften, die den anderen beschuldigen, hemmen die Ehepartner, aufeinander zuzugehen. Jeder Angriff fordert den Gegenangriff heraus.
— Du-Botschaften hindern daran, nach *dem eigenen Anteil* zu fragen. Wer den anderen verletzt, gibt ihm keine Chance, sich zu ändern.
— Gegenseitige Angriffe töten jedes sachliche Gespräch. Beide Partner denken und reden *ichhaft* und nicht *wirhaft*.
— Keiner zeigt dem anderen, was in ihm vorgeht, welche Gefühle ihn umtreiben und was er sich wünscht.

Was können beide tun, um aus der Machtkampf-Ehe herauszukommen?

1. Die Veränderung einer problematischen Beziehung beginnt *bei mir* und nicht beim Partner. Solange ich den anderen beschuldige, kämpfe ich um meine Unschuld.
„Verurteilt nicht andere, damit Gott euch nicht verurteilt. Denn euer Urteil wird auf euch auch zurückfallen, und ihr werdet mit demselben Maß gemessen werden, das ihr bei anderen anlegt" (Matthäus 7, 1—2).

2. Beide beginnen sich zu fragen: „Was machen *wir* falsch?" Denn beide sind an der Zerrüttung beteiligt. Es ist auch unsinnig, nach dem Hauptschuldigen zu fragen. Jeder schaut auf den „Balken in seinem Auge". Solange gegenseitig Schuld in Prozentsätzen berechnet wird, geht der Kampf weiter. Die einzig legitime Frage lautet:
— „Was habe *ich* getan, daß du so reagieren mußt?"
— „Was muß *ich* ändern, damit es dir leichter fällt, mich zu lieben?"

3. Beide *beginnen*, einen Störfaktor bei sich ernsthaft zu verändern. Einsichten ohne nachfolgende Taten sind Augenwischerei. „Der Weg zur Hölle ist mit guten Vorsätzen gepflastert."

Formulierungen wie:
— Ich müßte eigentlich,
— ich sollte eigentlich,
— ich werde wahrscheinlich demnächst . . .
verhindern die notwendigen Schritte zur Veränderung. Christen beginnen mit Vorleistungen. Keiner schaut auf den anderen, ob der auch wohl positiv reagiert. Wer Bedingungen stellt, liebt nicht ernsthaft. Liebe fragt nicht, ob sich die Vorleistung auch lohnt. Die Liebe rechnet nicht, ob sich der Vorschuß auch auszahlt.
4. Wer ernsthaft *will* und ernsthaft bei sich *beginnt*, wird nicht enttäuscht. Wenn zwei nicht können, *wollen* sie in der Regel auch nicht. Jesus hat eine goldene Regel für das zwischenmenschliche Zusammenleben in der Bergpredigt formuliert:
„Behandelt die Menschen so, wie ihr selbst von ihnen behandelt werden wollt — das ist der Inhalt des Gesetzes und die Lehre der Propheten“ (Matthäus 7, 12). Die goldene Regel beginnt nicht bei den Menschen draußen, sondern beim liebsten Menschen, den ich habe. Sie macht unmißverständlich deutlich, daß die Initiative von *mir* ausgeht.

FRAGEN ZUR SELBSTPRÜFUNG

Bin ich bereit, einen Tag lang meine Du-Botschaften zu überprüfen?

Kann es sein, daß ich mit meinen Du-Botschaften den Partner reize und wütend mache?

Kann es sein, daß ich mit meinen Du-Botschaften den Partner absichtlich treffen und verletzen will?

Kann es sein, daß ich mit meinen Du-Botschaften von meinen eigenen Problemen und Anteilen an den gemeinsamen Schwierigkeiten ablenken will?

Bin ich der Meinung, daß solche Vorwürfe und Anklagen das Eheklima verbessern?

Warum halte ich an Du-Botschaften fest, wenn ich genau weiß, daß sie die Zweierbeziehung stören?

Ist es möglich, daß ich Ich-Botschaften senden möchte und doch bei Du-Botschaften lande? (zum Beispiel: „Ich finde, *du* bist ein großer Egoist!“)

Was sind die eigentlichen Gefühle, die hinter meinem Ärger und meiner Wut stecken?

Fühle ich mich ausgenutzt, beleidigt, abgeschoben oder nicht ernst genommen?

Gelingen mir darum Ich-Botschaften nicht, weil ich nicht zugeben kann, daß ich an dem Konflikt auch meinen Anteil habe?

Habe ich darum mit Ich-Botschaften Schwierigkeiten, weil ich nicht bereit bin, den Machtkampf in der Ehe zu beenden? Will ich meinen Partner belasten?

Regel 11:

Wir bemühen uns, keine Entweder-Oder-Standpunkte zu vertreten

Schaffen denn Entweder-Oder-Standpunkte nicht klare Verhältnisse? Helfen sie nicht mit, Eindeutigkeit in Konflikte zu bringen? Das stimmt.
Aber sie haben erfahrungsgemäß etwas *Endgültiges*.
— Sie schneiden, wo sie verbinden sollten;
— sie zerstören, wo sie Lösungen anbieten sollten;
— sie verbauen Versöhnungen, weil sie radikal angelegt sind.

Menschen, die schwarzweißmalen

Für Entweder-Oder-Menschen ist die Welt zweigeteilt. Da gibt es *nur*
— Treue und Untreue,
— Friedliebende und Kriegstreiber,
— Anständige und Unanständige.
Die Dinge sind entweder
— schwarz oder weiß,
— richtig oder falsch,
— wertvoll oder wertlos.
Diese Vereinfachung ist zwar praktisch, für den zwischenmenschlichen Umgang aber nicht ungefährlich. Das Freund-Feind-Denken kennzeichnet auch die Partnerschaft. Entweder ist die Beziehung *ohne Tadel*, oder sie ist eine *einzige Katastrophe*. Jede Beziehung spiegelt aber nicht nur grelle Töne wider, sondern bewegt sich vermutlich *zwischen* den Extremen. Kein Mensch ist nur ein Teufel oder nur ein Engel. Die Schwarzweißmalerei eines Menschen ist ein Selbstschutz. Er vermeidet ausgewogenes Denken und legt sich Schablonen zu, die er über Menschen, Ereignisse und Dinge stülpt.
— *Die* Russen sind grausam;
— *die* Katholiken sind falsch;
— *die* Italiener sind liebestoll;
— *die* Frauen am Steuer fahren schlecht;
— *die* Beamten sind träge;
— *die* Männer sind polygam;

— *die* Männer wollen alle nur „das".

Was signalisiert eine Entweder-Oder-Haltung?

— Ich bin moralisch besser als du;
— meine Entscheidungen sind konsequenter, meine Lebensauffassung ist wahrhaftiger;
— meine Einstellung zu Menschen ist zwar härter, aber ehrlicher;
— meine Kompromißlosigkeit wirkt zwar rücksichtsloser, schafft aber klare Verhältnisse;
— meine Lösungen sind ohne Wenn und Aber;
— meine Standpunkte sind kompromißlos. Nachgiebigkeit ist Schwäche, Kompromisse sind faul, und Toleranz ist vom Übel.

Wo wirken sich Entweder-Oder-Haltungen ehestörend aus?

Da sagt eine Frau: „Entweder du stellst das Rauchen ein, oder ich lasse mich scheiden."

Wer solche Bedingungen stellt, hebt die Gesprächsbereitschaft auf. Er handelt autoritär, aber nicht partnerschaftlich. Er setzt sich aufs hohe Roß und diskrimiert den Partner. Außerdem schwingt in der Entweder-Oder-Haltung etwas Ultimatives mit.

Da hat sich eine Frau etwas Einmaliges in den Kopf gesetzt und will auf Biegen und Brechen ihr Ziel erreichen. Sie sagt: „*Entweder* ich kriege den Mann, den ich mir erträumt habe, *oder* ich will gar keinen haben."

Wahrscheinlich wird jene Frau eines Tages ohne Mann dasitzen. Ihre Ansprüche sind grenzenlos. — „Ich rate dir, heirate einen Engel!" sagte ein kluger Vater zu seiner Tochter. Die Entweder-oder-Einstellung hat sehr viel mit *Perfektionismus* gemeinsam. Nur das Vollkommene zählt. Nur die Hundertprozentigkeit hat eine Chance. Wer keine Einschränkungen in Kauf nimmt, wird auch im Zusammenleben keine Zugeständnisse machen. Das unerbittliche Verhalten duldet kein Entgegenkommen. Ohne Entgegenkommen aber ist Partnerschaft unmöglich.

Geradezu neurotisch ist der Satz, der dem Partner die Pistole auf die Brust setzt: „Wenn du mich nicht liebst, bringe ich mich um!" Der liebste Mensch wird erpreßt und mit Selbstmorddrohungen zur Liebe gezwungen. Erzwungene Liebe kann aber keine Harmonie garantieren. Vielleicht sagt der erpreßte Partner aus Mitleid ja und wacht eines Tages mit Haßgefühlen auf.

Depressionen und die Entweder-Oder-Haltung

Die Überbetonung von Grundsätzen kann zur Depression führen. Solche Menschen bringen sich unnötig unter Druck. Sie treiben sich an, um Ansehen, Beliebtheit oder Macht zu erlangen. Jeder Fortschritt wird als Pluspunkt verzeichnet, jeder Fehlschlag als Niederlage.
„Wenn ich nicht berühmt werde, habe ich versagt. Es hat keinen Sinn weiterzumachen, es ist besser, ich bringe mich um."
Ein amerikanischer Therapeut hat in einem Buch einige Lebenseinstellungen wiedergegeben, die Menschen für extreme Traurigkeit empfänglich machen:

„1. Um glücklich zu sein, muß ich bei allem, was ich unternehme, Erfolg haben.
2. Um glücklich zu sein, muß ich immer von allen Menschen akzeptiert (geliebt, bewundert) werden.
3. Wenn ich nicht der Beste bin, bin ich ein Versager.
4. Es ist wunderbar, beliebt, berühmt, reich zu sein; es ist schrecklich, unbeliebt oder mittelmäßig zu sein.
5. Wenn ich einen Fehler mache, bedeutet das, daß ich unfähig bin.
6. Mein Wert als Mensch hängt davon ab, was andere von mir denken.
7. Ich kann ohne Liebe nicht leben. Wenn mich mein Partner (Vater, Mutter, Kind) nicht liebt, bin ich wertlos.
8. Wenn jemand anderer Meinung ist als ich, bedeutet das, daß er mich nicht mag.
9. Wenn ich nicht jede Gelegenheit ergreife, um weiterzukommen, so werde ich das später bedauern.
Grundsätze wie die oben genannten führen aller Wahrscheinlichkeit nach ins Unglück."[12]

Extreme Erwartungen und außerordentliche Enttäuschungen gehören unauflöslich zusammen. Jede Einschränkung der Liebe wird als völlige Zurückweisung erlebt. Der Entweder-oder-Mensch läßt nur Spitzenwerte gelten. An sich und andere stellt er Höchstforderungen.
Aus dieser Einstellung lassen sich einige „Ich-sollte-Sätze" ableiten, die Unglück, Unzufriedenheit und Resignation im Gefolge haben, wenn die Idealforderungen und idealen Selbstanforderungen nicht gelingen. Die Sätze lauten:

„1. Ich *sollte* in höchstem Maße großzügig, rücksichtsvoll, nobel, mutig und selbstlos sein.
2. Ich *sollte* ein vollkommener Liebhaber, Freund, Vater (Mutter), Lehrer, Schüler, Partner sein.
4. Ich *sollte* jede Strapaze gelassen ertragen können.
4. Ich *sollte* für jedes Problem eine rasche Lösung finden können.
5. Ich *sollte* nie gekränkt sein; ich *sollte* immer glücklich und gelassen sein.
6. Ich *sollte* alles wissen, verstehen, voraussehen.
7. Ich *sollte* immer spontan sein; ich *sollte* meine Gefühle immer beherrschen.
8. Ich *sollte* mich durchsetzen; ich *sollte* nie jemand anderen verletzen.
9. Ich *sollte* nie müde sein oder krank werden.
10. Ich *sollte* immer ein Höchstmaß an Tüchtigkeit beweisen."[13]

Diese Idealvorstellungen haben eine versklavende Wirkung. Sie grenzen an Selbstquälerei. Es fehlt jegliche Gelassenheit und Selbstbejahung. Der Ehepartner, der sie zu beherzigen sucht, wird sein eigener Sklavenantreiber.

Sie bejahen, daß wir Sünder und Gerettete zugleich sind

Die Bibel setzt sich mit dieser menschlichen Schwäche auseinander. Sie sagt uns also ebenso deutlich, was wir *nicht* tun sollten. Das Gleichnis vom Unkraut unter dem Weizen im Neuen Testament symbolisiert die Haltung Jesu zu Entweder-oder-Menschen. Da hat ein Mann guten Samen auf sein Land gesät. Und plötzlich steht Unkraut zwischen dem Weizen. Die Mitarbeiter des Herrn denken auch im Freund-Feind-Schema. Sie fragen ihn: „Sollen wir gehen und es ausreißen?" Der Herr antwortete ihnen: „Nein, sonst reißt ihr zusammen mit dem Unkraut auch den Weizen aus" (Matthäus 13, 24—30).

Die Knechte wollen *totale* Lösungen, wollen auch im Reich Gottes das Entweder-Oder. Sie wollen die Böcke von den Schafen trennen, aber das geschieht erst am Ende der Tage. Wir bleiben, solange wir über diese Erde gehen, Menschen aus Fleisch und Blut. Wir sind und bleiben Sünder und Gerettete zugleich. Wir müssen es ertragen — auch in der Ehe —, daß Richtiges und Falsches, Freundliches und Feindliches, Liebevolles und Häßliches, Moralisches und Amoralisches nebeneinander wohnen. Aus unserem

Herzen kommen die schönsten und reinsten, aber auch die häßlichsten und verdammenswertesten Gedanken.

Sie bemühen sich, Entweder-Oder-Haltungen zu entdecken

Im täglichen Umgang unterlaufen uns Gesprächsfetzen, die das Gegensatzdenken verkörpern. Es ist eine Hilfe, solche Formulierungen im Notizbuch festzuhalten. Andere haben in der Küche oder auf dem Flur eine „Pinwand", wo sie Sprüche, Redensarten der Familie und Denkanstöße aufschreiben. Es geht darum, sich die Gegensätze *bewußt* zu machen. Bemühen wir uns nicht, das Entweder-Oder-Schema zu erkennen, spult es sich unbewußt im Eheleben ab und erzeugt Spannungen, Unzufriedenheit und Verbitterung.

Sie benutzen „Sowohl-Als-auch-Prinzipien"

Erik Blumenthal hat in einem seiner Bücher eine praktische Hilfe für Entweder-Oder-Menschen angesprochen, als er schrieb: „Seither galt das ‚Entweder-Oder'. Man wollte die Dinge nur einseitig, eingleisig sehen, man wollte alles in getrennte Schubläden einteilen und meinte, damit zu einer bequemen Ordnung zu gelangen. Tatsache ist, daß Verallgemeinerungen aus der Unsicherheit stammen. Man sucht nach Richtlinien, Dogmen, und will das Absolute . . . Heute wissen wir, daß das Prinzip des Entweder-Oder veraltet ist und daß das neue Prinzip des *Sowohl-Als-auch* als nötig und richtungweisend erkannt worden ist. Alles in der Welt hat mindestens zwei Seiten, und alles hat mehr als eine Erklärung."[14] Blumenthal hat recht: Alle Dinge haben *mehrere Seiten*. Lupenreine Ergebnisse haben Seltenheitswert. Mann und Frau sind nicht nur treu *oder* untreu, faul *oder* fleißig, liebenswert *oder* hassenswert. Mann und Frau können treu sein *und* kennen die Untreue in Gedanken, Worten und Werken. Sie können faul *und* fleißig sein, beides in einer Person. Beide können hart *und* zart sein, und das von einer Minute auf die andere. Wir leben auf der Erde und kennen kein chemisch sauberes Entweder-Oder, sondern in unserem Tun und Lassen sind gute und schlechte, reine und unreine, menschliche und unmenschliche, liebenswürdige und unliebenswürdige Eigenschaften gemischt vorhanden. Wir sind Sowohl-Als-auch-Persönlichkeiten, Gerettete und Sünder.

FRAGEN ZUR SELBSTPRÜFUNG

Gehöre ich zu den Menschen, die Entweder-Oder-Standpunkte vertreten?

Haben mich Freunde, Bekannte oder der Ehepartner schon einmal darauf aufmerksam gemacht, daß ich zu einseitigen Grundsätzen neige?

Liebe ich Schwarzweißurteile, die meinen Lebensvorstellungen entgegenkommen?

Benutze ich Formulierungen, die einem Freund-Feind-Denken entgegenkommen?

Wenn ich mich bei solchen Aussagen ertappe: Was will ich damit bezwecken?

Wie begründe ich meine Einstellung?

Was finde ich an Radikalität und Kompromißlosigkeit beherzigenswert?

Welche Schwierigkeiten sind in meinem Leben durch Entweder-Oder-Haltungen entstanden?

Neige ich zu Resignation und könnten überbewertete Grundsätze damit in Verbindung stehen?

Welche Idealvorstellungen in bezug auf Ehe, Liebe, Beruf und Familie will ich auf keinen Fall aufgeben?

Welche Reaktionen erlebe ich auf diese Haltung in meiner nächsten Umgebung?

Darf ich Fehler machen, ohne mich schwarz zu ärgern?

Muß ich unbedingt einige Grade besser sein als meine Mitmenschen?

Was will ich tun, um meine Entweder-Oder-Haltung abzuschwächen?

Regel 12:

Wir sind für unsere Gefühle verantwortlich

Mit dieser Regel stimmen viele Menschen nicht überein. Wie kann ich für meine Gefühle verantwortlich sein? Vielleicht überprüfen wir einmal unsere Aussagen:

— „*Seine* Bemerkung hat mich tief verletzt."
— „*Deine* unglaubliche Ruhe macht mich rasend."
— „*Dein* Schweigen macht mich traurig."
— „*Er* hat mir meine Stimmung verdorben."
— „Die *Sache* stinkt mir!"
— „*Es* hat mich wütend gemacht."

Die wenigen Bemerkungen zeigen, daß ich *andere* für meine Gefühle, meine Stimmung und psychischen Reaktionen verantwortlich mache. Ich glaube, meine Gefühle oder meine Emotionen nicht in der Hand zu haben. Wir begründen unsere Haltung so:

— Gefühle *hat man*, die kann ich doch nicht beeinflussen;
— Gefühle *überfallen mich*, ich kann sie doch nicht einfach abstellen oder abwehren!
— Hätte der Partner mich nicht aufgeregt, wäre ich jetzt ganz ruhig, ich *muß* also reagieren.
— Gefühle sind Reaktionen auf äußere Einflüsse oder auf Menschen, die sie *verursacht* haben.
— *Es* hat mich erwischt! Ein Unbegreifliches, unheimliches Etwas in mir hat das Gefühl ausgelöst.

Ich bin der irrigen Meinung, äußere Umständige, Personen, Ereignisse oder Dinge sind der Auslöser für meine positiven oder negativen Stimmungen. Entscheidend ist, daß *ich* nicht bereit bin, selbst meinen Kopf hinzuhalten, in dem die Gefühle ausgebrütet werden. Denn *meine* Einstellung und *meine* Haltung gegenüber dem Partner begründen die entsprechenden Gefühle.

Die Funktion unserer Gefühle

Gefühle sind auch *Werkzeuge*, die wir benutzen, um etwas zu erreichen. Überzeugtes Handeln wäre ohne entsprechende Gefühle nicht denkbar. Ein unemotionaler Mensch wäre kalt und unmenschlich. Er wäre unfähig, Freundschaft und menschliche Nähe zu erleben. Er wäre auch nicht in der Lage, etwas zu begehren und zu erstreben, denn das Fehlen der entsprechenden Gefühle würde ihn untauglich machen.

☐ Gefühle sind die Kraft unseres Handelns;
☐ Gefühle sind die Energiespritze unseres Handelns;
☐ Gefühle sind das Rückgrat unserer Überzeugung;
☐ Gefühle sind die Triebkraft unserer Interessen und Wünsche.

Der wahre Grund unseres Handelns ist die „private Logik", wie Alfred Adler sie genannt hat. Sie ist etwas anderes als unser gesunder Menschenverstand, den ich hier Vernunft nenne. Das *Wissen*, was man tun *sollte*, das ist die Vernunft. Die private Logik ist etwas anderes. Sie beruht auf unseren wirklichen Überzeugungen, auf dem, was wir glauben und wünschen. Die „private Logik" ist völlig subjektiv. Sie beinhaltet meine Erfahrungen, meine Überzeugungen und meine Vorurteile. Es handelt sich also um subjektive Gedanken, die von Angst, Befürchtungen, Freude, Schüchternheit, Mut, Zärtlichkeit usw. begleitet sind. Die „private Logik" beinhaltet:

— wie ich mich selbst erlebe, wie ich mich selbst einschätze,
— wie ich die anderen sehe und bewerte,
— wie ich mich in der Welt fühle,
— welche verborgenen und unverstandenen Ziele ich verfolge,
— und mit welchen Mitteln und Methoden ich diese Ziele zu verfolgen gedenke.

Diese „private Logik" wird durch entsprechende Gefühle gestützt. Der Mensch ist ein Ganzes; Leib, Seele und Geist sind Ausdrucksformen dieser privaten Logik.

Jeder Vorgang im Leben eines Menschen erzeugt parallele Regungen auf dem körperlichen, geistigen und emotionalen Sektor. Die „private Logik" kann Körper, Seele und Geist — also den leiblichen, den gefühlsmäßigen und den verstandesmäßigen Sektor des Menschen — benutzen, um sich auszudrücken. In der Regel laufen die Gefühlsregungen *parallel* zu den Gedanken. Wenn also Gedanken *und* Gefühle miteinander verzahnt sind, weisen Gefühle uns den Weg. Gefühle haben ein Ziel. Sie verfolgen einen Zweck. Gefühle können sich positiv oder negativ gegen jemand richten. Sie verraten also unsere wirklichen Absichten. Wenn wir von dieser Grundannahme ausgehen, ist es einleuchtend, daß wir unsere Gefühle ändern, wenn wir unsere *Ziele*, wenn wir unsere Gesinnung ändern.

Wenn also die Gefühle Werkzeuge unserer Gedanken und Vorstellungen sind, wenn die Gefühle unsere Gedanken unterstützen, dann bin ich auch frei, meine Gefühle verantwortlich zu beeinflussen und muß nicht mit negativen Gefühlen wie Angst und Aggressionen leben. Negative Gefühle, soweit sie nicht durch körperliche Leiden verursacht sind, haben wir selbst produziert, und zwar durch falsches Denken, durch negative Wahrnehmungen, durch kritische Reaktionen, durch Haß, Bitterkeit, Eifersucht, Wut und *Haltungen*, die die entsprechenden Gefühle hervorbringen.

In diesem Sinne kann Albert Ellis schlicht und unmißverständlich formulieren: „Wie ich an anderer Stelle erklärt habe, kann man eine Neurose im wesentlichen als unintelligentes Verhalten eines intelligenten Menschen definieren."[15]

Wenn ich weiß, daß ich meine Gefühle durch meine Gedanken selbst steuern und verändern kann, habe ich zweifellos größere Chancen, auch mein Verhalten zu ändern, als wenn ich davon ausgehe, daß negative Gefühlsaufwallungen von draußen kommen und durch andere Menschen verursacht sind. Es ist unmöglich, alle Menschen zu beeinflussen, die in mir Gefühle von Wut, Zorn, Rachsucht, Traurigkeit, Ärger und Resignation hervorrufen. Ich brauche jedoch in dem, was ich tue, nicht abhängig zu bleiben von diesen äußeren Umständen, sondern kann üben, selbst zu entscheiden, wie ich mich verhalten will.

Die Verflochtenheit von Gefühlen und Gedanken

Wie sehr unser Gefühl von unseren Gedanken abhängt, macht ein kleiner Versuch deutlich. Sie alle haben schon ähnliches erlebt. Angenommen, wir legen auf den Boden ein 5 m langes und 25 cm breites Brett. Zweifellos ist jeder fähig, von einem Ende zum anderen zu gehen, ohne daneben zu treten und Angst zu entwickeln. Aber nun stellen Sie sich das Brett etwa 5 m über dem Erdboden vor. Rechts und links kein Geländer. Wer wird noch fähig sein, auf solch einem schmalen Steg ein paar Schritte zu wagen? Schon beim zweiten Schritt wird der Betroffene zittern und große Angstgefühle entwickeln. Warum?

Im ersten Fall *stellen Sie sich vor,* es ist ganz leicht, bis zum Ende des Brettes zu gehen. Es kann Ihnen nichts geschehen, der Boden trägt Sie, selbst wenn Sie das Gleichgewicht verlieren, während Sie sich im zweiten Fall *einbilden*, daß Sie sich auf dem schmalen Steg nicht halten werden. Sie kämpfen dauernd mit dem Gefühl, abzustürzen. Ein Junge, der völlig ohne Angst über so ein hochgehängtes Brett lief, antwortete auf die Frage, warum er so sicher darüber gelaufen sei: „Ich habe mir vorgestellt, der Boden beginnt sofort unter dem Brett. Mir kann nichts geschehen. Ich laufe darum fast so ruhig darüber, als hätte das Brett auf dem Fußboden gelegen."

Gedanken und Gefühle sind eng miteinander verflochten. Ändern wir unsere Vorstellungen, unsere Gedanken — oder unsere Gesinnung, dann ändern sich entsprechend unsere Gefühle.

Ich deprimiere mich selbst

Zwei Therapeuten beschreiben ein Gespräch aus ihrer Praxis: „Zum Beispiel war ein junger Mann äußerst deprimiert, weil seine Freundin sich weigerte aufzuhören, sich mit anderen Männern zu verabreden. ‚Ihr Verhalten regt mich wirklich auf', sagte er. ‚Nein', antworteten wir, ‚Sie regen sich selbst auf über ihr Verhalten!' Und wir fragten ihn: ‚Wie bringen Sie es fertig, sich so tief aufwühlen zu lassen? Was sagen Sie zu sich selbst?' Es dauerte etwa zehn Minuten, um herauszubekommen, daß er sich dadurch so erregte, daß er in folgenden eingefahrenen Bahnen dachte: ‚Ich versage als Mann. Wenn ich überhaupt nur zu ein bißchen was gut wäre, würde sie ausschließlich mit mir ausgehen wollen. Da muß irgendwie was ernsthaft nicht stimmen mit mir. Sicher findet sie, daß andere Männer besser aussehen als ich, männlicher, interessanter und anregender sind. Ich werde wohl nie jemand finden . . .' Sobald wir wußten, wie ‚erfolgreich' er es schaffte, sich selbst zu deprimieren, waren wir in der Lage, ihm zu zeigen, wie er es schaffen könnte, damit aufzuhören, sich selbst unglücklich zu machen."[16]

Der junge Mann redet sich pausenlos ein, ein Versager zu sein. Er stellt sich damit selbst in Frage und bietet dem Mädchen ein äußerst fragwürdiges Bild vom Mann an. Er selbst — und keiner sonst — ist für sein deprimierendes Verhalten verantwortlich. Vielleicht ist sie von ihm enttäuscht und hält sich andere Beziehungen offen? Vielleicht braucht sie viele Beziehungen, weil sie nicht liebesfähig ist?

- ☐ Wer sich einredet, er sei ein Versager, der *wird* ein Versager;
- ☐ wer sich einredet, er sei eine Niete, der *wird* eine Niete;
- ☐ wer sich einredet, er sei nicht attraktiv, der *wirkt* unattraktiv;
- ☐ wer sich einredet, der andere will ihm Böses, der *wird* sich entsprechend absichernd verhalten;

☐ wer sich einredet, er könne mit dem Partner nicht mehr reden, der *gibt sich auch* entsprechend gesprächsgestört.

Was können Eheleute verbessern?

Wie können Lebenspartner lernen, besser mit destruktiven Gefühlen, die das Eheklima verschlechtern, umzugehen?

Sie lernen, daß Sie selbst die Gefühle produzieren

Sie müssen sich zunächst verdeutlichen, daß der eigentliche Kontrollpunkt für Gefühle im Kopf liegt und nicht in irgendwelchen Ereignissen, die von außen in der Tat unser Leben beeinflussen können. Selbstverständlich kommen von draußen Streß, Vorwürfe, Beleidigungen, Angriffe und Anklagen. Aber erst unsere Deutungen, unsere Meinungen dazu machen sie zu dem, was sie wirklich sind. Wir selbst haben es in der Hand, ob wir die Vorwürfe, Anklagen und Beleidigungen ernst nehmen, ob wir sie über- oder unterbewerten wollen. *Wollen* Sie allerdings Ihrem Partner so richtig die Meinung sagen, weil er Ihnen wehgetan hat, *wollen* Sie aus der Haut fahren und die „Möbel zurechtrücken", dann werden Sie auch mit entsprechenden Gefühlen Ihre Attacke reiten.
Schon im Jahrhundert vor Christi Geburt hat der römische Philosoph Epiktet den bedenkenswerten Satz formuliert: „Die Menschen werden nicht durch Dinge beunruhigt, sondern durch die Ansichten, die sie darüber haben."
Also:

— *Ich* reagiere mit Ärger, und zwar, weil ich mich ärgern will über die Bosheit der anderen.
— *Ich* mache mich verrückt. Treffsicherer kann kein Mensch die eigene Aktivität und die persönliche Deutung eines Ereignisses charakterisieren.
— *Ich* habe mich selbst ärgerlich *gemacht* (als ich die Äußerung des Partners gehört hatte). Die deutsche Sprache drückt korrekt aus, was geschehen ist: Ich selbst habe den Ärger *gemacht,* wie ich einen Pfannkuchen mache.
— *Falsch* ist es zu sagen: „Meine Frau regt mich damit auf, daß sie ständig zu spät kommt."
— *Richtig* ist es zu sagen: „Ich ganz allein rege mich darüber auf, daß meine Frau ständig zu spät kommt."
— *Falsch* ist es zu sagen: „Er hat mich mit seiner Art, wie er mich behandelt, völlig depressiv gemacht."

— *Richtig* ist es zu sagen: „Ich habe mich über die Art und Weise, wie er mich behandelt (die vielen anderen Menschen übrigens gefällt), *selbst* depressiv gemacht."

Sie lernen, daß rechtes Handeln unsere Gefühle bestimmt

Im Alten Testament wird uns eine aufregende Geschichte von Kain und Abel erzählt. Der Text lautet: „Der Herr sprach zu Kain: ‚Warum überläuft es dich heiß, und warum senkt sich dein Blick? Weißt du nicht: Wenn du recht tust, darfst du aufblicken, wenn du nicht recht tust, lauert die Sünde vor der Tür?'" (1. Mose 4, 6—7).

Kain ist nicht das Produkt eines unausrottbaren Aggressionstriebes. Seine Mordlust ist das Produkt eines *falschen Denkens*, seines falschen Verhaltens. Kain und Abel rivalisieren als Ackerbauer und Viehzüchter. Beide opfern und erleben, daß Abels Opfer von Gott bevorzugt wird. Kain wird böse. Es überläuft ihn heiß und kalt. Er wird wütend auf Gott und auf Abel. Ist Abel schuld? Nein, Kain steigert sich in ein falsches Denken, in eine falsche Gesinnung hinein. Kain *glaubt*, seine Opfer werden nicht anerkannt, Kain selbst deutet also subjetiv und schief. Die Folge ist, er steigert sich in Haß. Mit den Mordphantasien kommen die entsprechenden Gefühle. Er senkt seinen Blick. Seinem Bruder kann er nicht mit offenen Augen entgegentreten. Gott spricht ihn an und kennzeichnet unmißverständlich den Zusammenhang zwischen Denken und Gefühl, zwischen der Gesinnung und den Emotionen. Sinngemäß sagt er zu Kain: „Wenn du deine Mordabsichten fallenläßt, wenn du deine Ziele änderst, laufen dir auch keine heißen Gefühle der Rache über den Rücken. Du kannst dann frei und ohne Schamgefühl aufblicken." Aber Kain ändert seine Absichten und damit sein Denken und Verhalten nicht. Er will den jüngeren Bruder aus dem Wege räumen, und die entsprechenden Haß- und Mordgelüste stellen sich ein.

— Will ich dem Partner heimzahlen, produziere ich Rachegefühle;
— will ich dem Partner *die Meinung sagen*, produziere ich Kampfgefühle;
— will ich dem Partner *mit aufrichtiger Liebe* entgegenkommen, obschon er mich bewußt oder unbewußt verletzt hat, produziere ich *Liebesgefühle*.

Wie ein roter Faden geht durch das Neue Testament der Ruf: Tut Buße. Genau übersetzt heißt das: Ändert euren Sinn, ändert euer Denken. Die Revolution beginnt bei *mir* und nicht bei den Verhältnissen. Das Umdenken beginnt bei *mir* und nicht beim Partner.

Sie überprüfen Ihre Selbstinstruktionen

Selbstinstruktionen sind Sätze und Gedanken, die sich Eheleute im Laufe ihres Lebens immer wieder selber sagen.
— Sie reden sich etwas ein,
— sie machen sich selbst etwas vor,
— sie bilden sich etwas ein,
— sie geben sich selbst Kommandos.
Normalerweise sind es drei Schritte, die bestimmte Ergebnisse hervorbringen:
— Einschätzung der Situation,
— inneres Gespräch,
— Entscheidung.
Auf Grund ihrer guten oder schlechten Erfahrungen treffen viele Menschen schon eine Entscheidung, ohne gründlich innerlich darüber mit sich gesprochen zu haben. Ihr Vorurteil veranlaßt sie beispielsweise, nachgiebig oder konsequent, stumm oder aggressiv zu reagieren. Warum können sie nicht jedesmal eine Situation *neu* einschätzen? Dann können sie sich ruhig — und ohne ihr gängiges Vorurteil — auf einen inneren Dialog einlassen und ihre Entscheidung treffen.
— Sie ändern Ihre Haltung, und schon ändern sich Ihre Gefühle.
— Sie ändern Ihre Haltung, und schon reagiert Ihr Partner anders.
— Sie wenden sich von Ihren alten Erfahrungen ab und machen neue *positive* Erfahrungen.

FRAGEN ZUR SELBSTPRÜFUNG

Was habe ich bisher über die Ursachen meiner Gefühle gedacht? Leuchtet es mir ein, daß Gefühle als Treibstoff oder Werkzeug von mir *benutzt* werden?

Gibt es Beispiele, die mir einleuchten, wo ich Gefühle als Verstärkung für meine erkannten oder unerkannten Absichten eingesetzt habe?

Bin ich bereit, eine Woche lang Aussagen zu sammeln und aufzuschreiben, die zeigen, daß ich den Partner für meine schlechten Gefühle verantwortlich gemacht habe?

Bin ich als Ehepartner bereit, christliche Umgangsregeln aus Überzeugung zu befolgen, um die Änderung meiner Gefühle zu überprüfen?

Wie lauten bei mir die Selbstinstruktionen und Selbsteinreden, die ich benutze, um dem Partner die Schuld für mein schlechtes Gefühl zu geben?

Sind es Entschuldigungen, die ich mir zurechtlege, um mein schlechtes Selbstwertgefühl zu schützen?

Will ich stärker als bisher für meine Gefühle die Verantwortung übernehmen?

Welche Schritte will ich unternehmen, um dem Ziel *etwas* näherzukommen?

Regel 13:

Wir überprüfen unsere Annahmen durch Rückfragen

Viele Mißverständnisse und Konflikte rühren in Ehen daher, daß ein Partner *unbeirrbar annimmt*,
— der andere stimme voll mit ihm überein;
— der andere billige seine Entscheidungen;
— er wisse, was der andere denkt;
— er wisse, was der andere braucht;
— er wisse, was der andere sich wünscht.
Das sogenannte *Wissen* beruht in der Regel auf einer Selbsttäuschung. Niemand kann die Gedanken eines anderen erraten. Selbstverständlich gibt es Ausnahmen. Aber gerade die berühmten „Zufälle" verleiten Eheleute zu der falschen Annahme, sie hätten ihren Lebenspartner voll durchschaut. Nicht wenige *glauben*, sie könnten in der Seele des anderen wie in einem offenen Buch lesen. Um so größer ist die Enttäuschung, wenn die Annahmen sich nicht bestätigen.

Was sind die Folgen falscher Annahmen?

— Der Partner fühlt sich *übergangen*. Er ist der festen Überzeugung, daß der Ehegefährte ihn nicht ernst nimmt und ihn wie einen „dummen Jungen" behandelt.
— Es werden *Entscheidungen* getroffen, die gegen die Interessen des Lebenspartners gerichtet sind. (Die Frau lädt Freunde ein in der *Annahme*, der Mann liebe auch Geselligkeit und werde der Einladung zustimmen. Der Mann kauft der Frau ein Kleid in der festen Annahme, sie werde entzückt reagieren. Er erlebt aber eine bittere Enttäuschung, weil die Farbe, der Sitz, die Machart oder der Preis überhaupt nicht mit ihren Vorstellungen übereinstimmen.)
— Der Partner *schluckt* die Entscheidungen seines Gefährten, um ihm keine Szene zu machen, reagiert aber innerlich mit Bitterkeit, Ablehnung, Abwehr und Gekränktsein. Der verschluckte Ärger steht wie eine Wand zwischen den beiden und beeinträchtigt die Harmonie.
— Der Partner duldet stillschweigend die nichtverabredeten Entscheidungen, *kritisiert* aber im nachhinein die Ergebnisse. Der

Ehepartner, der ohne Rückfrage gehandelt hat, ist zwar zu Recht enttäuscht, wenn seine Schritte verurteilt werden, muß sich aber den Vorwurf gefallen lassen, seine Handlungen nicht ausführlich mit dem Lebenspartner besprochen zu haben.

Wie können falsche Annahmen zustande kommen?

Es gibt ein perfektes Hand-in-Hand-Spiel, das so aussieht: Sie ist ungeduldig und will am liebsten sofort eine Antwort haben. „Nun sag doch endlich, was du denkst. Du kannst mir doch nicht weismachen, daß du keine Meinung hast!" Er ist ein gewissenhafter und gründlicher Typ und braucht für alle Entscheidungen viel Zeit. Oft gehen Tage darüber ins Land. Seine Partnerin kann diese Unentschiedenheit nicht verstehen und ist böse. Aus Trotz reagiert er gar nicht mehr. Und die Folge: Die Frau entscheidet.
Sie sagt: „Wenn ich nicht alles in die Hand nehme, geschieht gar nichts. Er zieht sich zurück und schweigt und überläßt mir die Entscheidung."
Er sagt: „Sie kann nicht warten, bis ich mir ein klares Urteil gebildet habe. Ich brauche einfach länger. Heute fragt sie mich schon gar nicht mehr."
Beide Eheleute haben sich perfekt in die Hand gespielt. Dem Mann fallen Entscheidungen schwer, die Frau kann nicht warten. Jeder schiebt aber dem anderen die Schuld für seine eigenen Reaktionen in die Schuhe. Dieses Verhalten ist unpartnerschaftlich und lieblos.

Was können die Ehepartner tun?

Sie handeln nicht ohne gemeinsame Entscheidung

Beide nehmen sich fest vor, daß nur gemeinsam getroffene Entscheidungen und Vereinbarungen in die Tat umgesetzt werden. Gibt es keine Übereinstimmung, wird nicht gehandelt. Sollten durch den Aufschub notwendige Schritte unterbleiben, sind immer *beide* Partner betroffen. Wer glaubt, er trüge *allein* die Verantwortung, ermutigt sofort seinen Partner, sich aus dem Entscheidungsprozeß zurückzuziehen.

Beide benutzen den Weg des Feedback

Feedback heißt Rückmeldung. Beide vergewissern sich durch Rückfragen, ob die Annahme bestätigt oder abgewiesen wird. Hilfreiche Formulierungen lauten:

— „*Meinst du,* daß wir das tun sollten?"
— „*Wenn ich dich richtig verstehe,* möchtest du . . ."
— „*Ich habe den Eindruck*, daß du die Dinge so und so siehst."
— „*Ich möchte mich noch einmal vergewissern,* stimmst du dem Plan in allen Teilen zu?"
— „*Habe ich dich richtig verstanden*, du möchtest also . . ."

Diese Rückmeldungen verhindern Mißverständnisse und halbherzige Entscheidungen. Denn unklare Haltungen fördern die Unzufriedenheit und schüren die Aggressionsbereitschaft.

Sie äußern Ihre Wünsche!

Der Partner ist kein Hellseher, auch wenn er seinen Lebensgefährten seit 20 Jahren kennt. Er weiß selten, was genau in ihm vorgeht. Viele erwarten, der Partner müsse die Gefühle *erraten*. Sie glauben, er wisse ganz genau, was in ihnen vorgehe, sei aber nicht bereit, sich auf die Wünsche einzulassen. Das ist erfahrungsgemäß ein Irrtum. Die Annahme ist falsch, der Partner zeige damit nur seine Lieblosigkeit und sein Desinteresse. Wer schweigt und auf der Lauer liegt, bis der andere die geheimsten Gedanken erraten hat, wird bittere Enttäuschungen sammeln.

— Was steht im Wege, die Wünsche zu formulieren?
— Was steht im Wege, die eigenen Bedürfnisse anzumelden?

Sie unterlassen das Gedankenlesen!

Es gibt Ehepartner, die *Gedanken lesen* können. Sie produzieren falsche Annahmen, in die sie sich hineinsteigern können. Sie glauben, seherische Gaben zu besitzen. Leider sehen sie nicht, daß sie viel Schaden damit anrichten können.

„Ich weiß genau, was er jetzt denkt. Er wünscht mich zum Teufel!"

„Ich sehe es ihm an, was in ihm vorgeht. Er schätzt mich von oben bis unten ab und wünscht sich eine attraktive Schlanke. Ich kenne seine Wünsche!"

„Sieh an, er hat mir Blumen mitgebracht. Mit Sicherheit hat er Schuldgefühle."

„Er ist sauer auf mich, weil ich ihn vorgestern sexuell im Stich gelassen habe."

Es handelt sich um *Vermutungen*, die zu Gewißheiten hochstilisiert sind. Es kann alles auch ganz anders sein. Jeder Ehepartner sollte sich diesen Satz zu Herzen nehmen. Meine Wahrnehmungen sind subjektiv. Meine Annahmen sind meine privaten Deutungen. Wer Gedanken liest und sich nicht vergewissert, was der Partner darüber denkt, kann zum falschen Propheten werden. Er redet sich Dinge ein, die seiner Ehe schaden.

Zwei Partner reden aneinander vorbei

In der Beratung erlebe ich eine Kommunikationsstörung, die darauf beruht, daß Mann und Frau aneinander vorbeireden. Der eine spürt nicht, daß er eine klare, unzweideutige Aussage gemacht hat, die er aber als Frage verstanden wissen wollte. Der andere nimmt die unzweideutige Aussage für ein innerlich abgeklärtes Urteil, schweigt und nimmt die *scheinbare Tatsache* zur Kenntnis. Das Gespräch ist zu Ende, bevor es angefangen hat. Etwa so:
„Ich buche nächste Woche eine Fahrt nach Lappland. Wir müssen uns endlich mit unseren Urlaubsplänen entscheiden. Ich habe gerade von Rentieren gelesen. Diese riesigen Herden will ich mal in freier Wildbahn erleben."
Die Frau schweigt resigniert. Sie denkt: „Wenn er die Fahrt beschlossen hat, kannst du ja doch nichts mehr machen. Dann fahren wir eben nach Lappland."
Der Mann wertet das Schweigen für Zustimmung und kauft in der Tat die Karten, obschon er mit einer Reaktion seiner Frau gerechnet hatte. Er hatte spontan und ungeschützt einen kindlichen Wunsch geäußert, dem nur die angefügte Frage fehlte: „Es war so ein Einfall. Was meinst du dazu?"
Wer diese Mißverständnisse erlebt, sollte seine Formulierungen überprüfen. Nicht wenige stellen Meinungen zur Diskussion, die aber wie klar durchdachte Urteile klingen.
Sie sagt: „Morgen gehe ich zum Sommerschlußverkauf. Ich bringe mir gleich drei Röcke mit, dann habe ich endlich genug im Schrank hängen!"
(Sie *denkt*: „Am liebsten würde ich mir drei kaufen. Was meinst du dazu?")
Er sagt: „Mußt du wissen!"
(Er denkt: „So eine Unverschämtheit. Ich brauche dringend einen Anzug. An mich denkt sie überhaupt nicht. Sie beschließt das einfach ohne mich!")

Wenn beide in unlösbare Eheschwierigkeiten geraten, ist das kein Wunder. Beide Partner gehen von falschen Annahmen aus. Sie reden aneinander vorbei und setzen sich auseinander — und zwar buchstäblich.

FRAGEN ZUR SELBSTPRÜFUNG

Können Sie Entscheidungen, die getroffen werden müssen, sorgfältig mit Ihrem Partner abklären?

Wenn es Schwierigkeiten in der Abklärung gibt: Woran liegt das?

Sind Sie bereit, die Schwierigkeiten anzusprechen und eine ernsthafte Lösung anzustreben?

Wann haben Sie sich das letzte Mal dabei ertappt, daß Sie Entscheidungen getroffen haben, von denen Sie glaubten, Ihr Partner stimmte damit überein?

Gehören Sie auch zu denen, die *ganz genau wissen*, was ihr Partner braucht und was er sich wünscht?

Glauben Sie, daß Sie für Ihren Partner mitentscheiden können, weil Sie seinen Geschmack und seine Einstellung kennen?

Haben Sie schon Enttäuschungen erlebt, wenn Sie einsame Entschlüsse ohne Rückfragen beim Partner in die Tat umgesetzt haben?

Glauben Sie, die Gedanken Ihres Partners lesen zu können?

Wie oft sind Sie damit hereingefallen?

Äußern Sie Ihre Annahmen, oder behalten Sie die Vermutungen für sich?

Lassen Sie Ihren Partner gewähren, wenn er annimmt, er dürfte handeln, ohne sich rückzuversichern?

Erleben Sie, daß Entscheidungen, die Sie getroffen haben, im nachhinein kritisiert werden?

Kann es sein, daß Sie bisher der irrigen Meinung waren, völlig mit dem Ehepartner übereinzustimmen?

Regel 14:

Wir bejahen: Zuerst kommt die Ehe, danach die Kinder

Die Ehe ist die Achse, um die sich alle anderen Familienbeziehungen drehen. Ist die Achse gestört, sind automatisch die familiären Beziehungen nicht intakt. Irgendein Mitglied oder alle baden die leidvollen Ehebeziehungen aus. Eine gute Ehe spiegelt eine zufriedenstellende Familienatmosphäre wider. Die Erfahrung bestätigt die Regel unzweifelhaft: Zuerst kommt die Ehe, dann kommen die Kinder. Das hat mit Lieblosigkeit gegen die Kinder nichts zu tun. Die Ehe soll halten, bis der Tod die beiden Ehepartner trennt. Die Ablösung aus dem Elternhaus dagegen ist natürlich und geschieht normalerweise in der Zeit des Erwachsenwerdens.
Leider wird in vielen Ehen diese Regel nicht beherzigt. Was kann geschehen, wenn die eheliche Achse nicht tragfähig und funktionstüchtig ist, wenn die Ehe nicht den ersten Platz einnimmt?

Ein Ehepartner verbündet sich mit den Kindern

Die Familie ist gespalten. Untergruppen entstehen. Bündnisse werden *gegen* einen Dritten geschlossen. Er wird isoliert und an den Rand gedrängt. In zerrütteten Ehen, die vor der Scheidung stehen oder mit Scheidung spielen, werden die Kinder zum Kampfobjekt. Jeder versucht, sie auf seine Seite zu ziehen. Von zwei Seiten werden sie unterschiedlich beeinflußt. Nicht selten gelingt es der Ehefrau, die Kinder für sich zu gewinnen. Sie hat im Laufe der Zeit den längeren und intensiveren Kontakt mit den Kindern gehabt. Solche Parteiungen sind Gift für ein harmonisches Familienleben. Die Tragfähigkeit der Ehe ist gefährdet.

Der Mann macht Karriere, die Frau steht abseits

Viele Männer haben in erster Linie ihre Karriere im Auge. Sie lassen sich zu Hause verwöhnen und versorgen, leben aber je länger, desto mehr an der Partnerin vorbei. Die Eheleute entfremden sich unaufhörlich, und die Kinder werden über Gebühr von der Mutter angezogen. Die Folge ist, daß die Kinder immer unselbständiger, abhängiger und verwöhnter werden. Die Kinder werden zum *Partnerersatz*. Aus Angst, die Mutter zu verlieren, oder aus Angst, der

Mutter weh zu tun, verhalten sich solche Kinder abhängig. Sie lassen sich klammern, machen sich hilflos und unmündig und spielen der Mutter eine überhöhte Verantwortungsbereitschaft in die Hand. Eines Tages brechen sie aus, weil sie die Bevormundung leid sind. Sie erkennen, daß sie ungewollt entmündigt wurden. Die Lösung aus der Familie hat sich nicht gesund und natürlich ergeben.

Die Mutter sieht ihren *einzigen* Lebensinhalt in den Kindern. Spätestens, wenn die Kinder flügge werden und aus dem Hause gehen, steht die Mutter allein da. Sie fühlt sich betrogen, hat den Mut verloren, aktiv am Leben teilzunehmen und resigniert. Verbittert zieht sie sich zurück. Sie hat aber auch den Kontakt zu ihrem Mann verloren, der einsam in seinem Karrierestreben an ihr vorbeigezogen ist. Im Alter stehen Mann und Frau vor einem ehelichen Trümmerhaufen.

Die natürliche Ablösung der Kinder ist in Frage gestellt

Die Bibel beschreibt auf den ersten Blättern, welchen Stellenwert die Ehe für die Ablösung der Kinder hat.

„Darum verläßt ein Mann seinen Vater und seine Mutter und hängt seinem Weibe an, und sie werden ein Fleisch sein" (1. Mose 2, 24). Die Familie geht auseinander, das ist gottgewollt und schöpfungsgemäß. Die Kinder *verlassen* das Haus der Eltern und gründen neue Ehen und Familien. Je mehr sie von einem Elternteil geklammert werden, je unselbständiger sie erzogen wurden und je mehr Eltern mit und ohne Worte zu verstehen geben, daß sie ihre Kinder ungern hergeben, desto schwieriger gestaltet sich der Ablösungsprozeß. So werden Junggesellen erzogen, die von „Mutters Schürze" nicht loskommen, und Frauen, die zeitlebens an der Nabelschnur bleiben, weil sie auch als Erwachsene noch viel zu innig mit der Mutter verbunden sind. Ablösungsprobleme sind in der Regel Elternprobleme. Und diese Elternprobleme spiegeln nicht selten unaufgearbeitete Ehekonflikte wider.

Herr Müller fühlt sich als fünftes Rad am Wagen

Eine Begebenheit möchte ich erzählen, die nachweislich eine kleine Revolution in einer Durchschnittsehe heraufbeschworen hat. Einige Male im Jahr fahr ich auf Polizei-Freizeiten, um Vorträge

über Eheprobleme zu halten. Die Beamten kommen in Zivil, haben Koppeln, Pistolen und Dienstgesichter abgeschnallt und verbringen in schön gelegenen Häusern einige besinnliche Tage, zum Teil mit ihren Frauen und Kinder. In der Regel kommen beide Ehepartner.
Herr Müller ist allein gekommen. Er fühlt sich regelrecht im Stich gelassen von seiner besseren Hälfte. Schon am ersten Tag weiß es die ganze Belegschaft: Die Angetraute hat ihn gern ziehen lassen. Sie ist mit ihren vier erwachsenen Kindern beschäftigt, für die sie eine unersetzliche Mutter spielt, sehr zu seinem Leidwesen, versteht sich.
In meinem Vortrag finden sich dann auch Überlegungen, die ihm so richtig Wasser auf die Mühle leiten: „Eheleute mit Kindern sollten stets daran denken: Erst kommt der Ehepartner, dann zwei Lichtjahre gar nichts und dann erst kommen die Kinder." Merkwürdigerweise habe ich nie darüber nachgedacht, diese etwas klotzige Bemerkung abzumildern. Ich stehe dazu. Wie gesagt, bei Herrn Müller löste dieser Satz ein seelisches Erschrecken aus. Er meldete sich zu Wort, redete mit seinen 50 Jahren wie ein begeisterter Liebhaber und legte es allen Anwesenden dringend nahe, diesen Satz im Herzen kräftig zu bewegen. Nach der Veranstaltung kam er zu mir und erzählte mir das Drama seiner Ehe. Seine Frau gehe in den Kindern auf. Ihr Denken und Tun kreise nur um die Vier, nicht um ihn.
„Ich bin nicht nur fünftes Rad am Wagen, ich bin ein Reserverad, für alle Fälle, wenn der Laden Familie nicht mehr läuft. Ich darf zahlen und sonst gar nichts. Meine Frau liebt ihre Kinder über alles, und ich gucke in die Röhre."

Zu meinem Erstaunen erfuhr ich, daß zwei Kinder schon seit Jahren verheiratet sind, ein Sohn sich zum Trinker entwickelt hat, den die Mutter besucht, pflegt und mit Geld versorgt, und der Jüngste mit 18 Jahren sich herumtreibt, die Schule schwänzt und reihenweise „Mädchengeschichten" fabriziert. Der Vater hat es aufgegeben, die Feuerwehr zu spielen und Schaden vom Image des Polizisten fernzuhalten. Die Mutter sei um so aktiver und fürsorglicher. Sie rackere sich ab für die beiden Jungen, um sie nicht zu verlieren. Von einem Extrem fiele sie ins andere, sie weine und demütige sich vor den beiden, und dann schimpfe sie und lasse ihrer Verbitterung freien Lauf.

„Mir glaubt sie nicht, daß das Blödsinn ist, was sie macht. Da muß schon ein Fachmann kommen. Könnten Sie nicht mal mit ihr sprechen oder mir ein Buch mitgeben, das Sie selbst geschrieben haben, wo meine Frau auch schwarz auf weiß bestätigt findet, was Sie im Vortrag gesagt haben?" Wir überlegen gemeinsam, wo ich diese Sätze schwarz auf weiß niedergeschrieben habe, und ich empfehle ihm ein bestimmtes Buch. Er kauft ein Exemplar und will sein Glück versuchen. Viel Hoffnung mache er sich nicht. Schließlich sei die Karre schon jahrelang verfahren.

Zwei Jahre später fahre ich wieder ins Sauerland. Zwanzig Paare haben sich angemeldet. In kleinen Grüppchen schwatzen sie zusammen. Einige gehen in der warmen Sonne im Vorhof des Gästehauses spazieren. Plötzlich spricht mich ein Ehepaar an.

„Kennen Sie mich noch?" fragt ein Herr. Er hat seine Frau untergehakt und strahlt übers ganze Gesicht. Natürlich kann ich mich erinnern. Vor zwei Jahren hat er mir die traurige Geschichte seiner Ehe geschildert.

„Sie sind also Herr Ruthe", sagt die damals fehlende Ehefrau. „Sie haben unsere Ehe wieder flottgemacht. Ein Satz von Ihnen hat uns um 180 Grad herumgerissen."

Vor zwei Jahren sei ihre Ehe nicht mehr viel wert gewesen. Wie eine Klette habe sie sich an ihre Kinder gehängt. Die Heirat der beiden ältesten Mädchen habe sie mit Panik und Eifersucht erfüllt. Die Liebhaber der beiden hätte sie kaltlächelnd umbringen können, sagt sie. Der Mann sei dauernd unterwegs gewesen, habe sich einem Kegelclub angeschlossen und ein völliges Eigenleben geführt.

Der älteste Junge, das dritte Kind, habe plötzlich zu trinken angefangen. Er habe die Arbeit niedergelegt und sich in Kneipen herumgetrieben. Es sei entwürdigend gewesen, hinter ihm herzulaufen und ihn zu suchen. Und zu allem Unglück habe der Jüngste das Maß vollgemacht. Kurz vor seinem 18. Lebensjahr sei er von zu Hause ausgerissen, habe sich herumgetrieben, Hasch geraucht und die Mutter wie „den letzten Dreck" beschimpft. Nervlich sei sie zusammengebrochen, habe nicht ein- noch ausgewußt und sich dann an das Buch erinnert, das ihr der Mann mitgebracht hatte.

„Damals hat mein Mann beschwörend vor mir gestanden und mich gewarnt, die Verwöhnung der Kinder aufzugeben. Damals konnte ich nicht hören, und dann kam der Nervenzusammenbruch. Ich war völlig fertig. Alle Kinder weg, keiner wollte mehr etwas von mir wissen. Ich stand mutterseelenallein da. Wütend, ja wütend habe ich zum ersten Mal in das Buch geschaut!"

Ich: „Und was haben Sie gelesen?"

„Mein Mann hatte sorgfältig die Seiten präpariert und ein Lesezeichen in das Buch gelegt. Die Sache mit der Verwöhnung wollte er mir unter die Nase reiben. Ich sage Ihnen, ich habe Ihre schönen Sprüche verflucht. Ich habe getobt!"
„Gegen wen?"
„Gegen Sie! Ihre Haltung kam mir lieblos und kinderfeindlich vor. ‚Erst kommt der Ehepartner . . .' Dieser romantische Plunder, habe ich gedacht!"
„Und?"
„‚Auch so ein Ehefanatiker', habe ich gedacht, ‚der diese kaputte Institution retten will.' Aber ich saß in der Sackgasse. Ich hatte alles falsch gemacht und sehnte mich nach meinem Mann zurück. Und ich habe zu ihm zurückgefunden. Heute bin ich hier. Ich liebe meine Kinder . . . aber auf Abstand, verstehen Sie?"
Herr Müller rundet das Bild ab: „Und siehe da, seit der Zeit läuft in der Familie alles besser. Der Älteste ist kein Trinker mehr. Ab und zu weiß er sein Maß nicht mehr, aber die Saufpartien sind vorbei. Und der ‚Kleine' ist wieder zu Hause."
Das ist eine erfreuliche Geschichte; nicht in allen Fällen geht es so gut aus.

FRAGEN ZUR SELBSTPRÜFUNG

Ist Ihre Ehe harmonisch, daß Sie der Ablösung Ihrer Kinder aus der Familie gelassen entgegensehen können?

Kann es sein, daß Sie ein oder mehrere Kinder als Partnerersatz benutzen, um für Ihre gestörte Ehe einen willkommenen Ausgleich zu haben?

Besprechen Sie zu viele Dinge mit Ihren Kindern hinter dem Rücken Ihres Partners?

Gibt es in Ihrer Familie Bündnisse, die gewollt oder ungewollt gegen ein Mitglied der Familie gerichtet sind?

Fühlt sich Ihr Partner als Außenseiter in der Familie oder an den Rand gedrängt?

Haben Sie ein gutes Gefühl, wenn Sie an Ihre Ehe und an Ihr Alter denken?

Könnten Sie sich gut vorstellen, gemeinsam alt zu werden?

Wo wollen Sie *beginnen*, wenn Sie entdecken, daß Störungen Ihr eheliches Zusammenleben beeinträchtigen?

Regel 15:

Wir schließen Kompromisse und streben keine perfektionistischen Lösungen an

Menschen, die alles daransetzen, um fehlerlos zu sein, setzen alles daran, um sich und anderen das Leben schwer zu machen. Sie betreiben Perfektionismus.

- ☐ Perfektionismus ist ein unangenehmer menschlicher Fehler;
- ☐ Perfektionismus ist ein Bazillus, der das zwischenmenschliche Leben empfindlich stört;
- ☐ Perfektionismus ist eine krankhafte Lebenseinstellung;
- ☐ Perfektionismus ist die Sucht, alles um jeden Preis in Vollkommenheit anzustreben;
- ☐ Perfektionismus stellt an sich und den Partner Höchstforderungen, die selten erfüllt werden können.

Der Perfektionist will
— die *absolute* Wahrheit,
— die *totale* Kontrolle,
— die *vollkommene* Lösung.

Es reicht schon, wenn der Perfektionist eins von den drei Dingen erreichen will. Es sind Idealvorstellungen und unrealistische Ziele. Wer sie anstrebt, wird sich ständig Enttäuschungen einhandeln. Mißerfolge und Unzufriedenheit sind vorgegeben.

Christus ist *die* Wahrheit, Menschen aus Fleisch und Blut mit Fehlern und Mängeln können nur *subjektive* Wahrheiten zustande bringen. Genauso verhält es sich mit der *totalen Kontrolle.* Wer sein Haus *staubfrei* haben will, muß jegliches Leben aus seinen vier Wänden verbannen. Hier wird die Putzsucht offenbar, die eine Spielart des Perfektionismus darstellt.

Bei *vollkommenen Lösungen* herrscht das gleiche Prinzip. Unvollkommenheit stört das ästhetische Empfinden. Wohnungseinrichtungen müssen hundertprozentig aufeinander abgestimmt sein. Schiefe Bilder, falsche Tapeten und Gegenstände verschiedener Stile stören den Frieden des Betreffenden und beschneiden seine vollkommene Freude. Und weil die Dinge zu wünschen übriglassen, ist das Wohlbefinden dahin. Nur vollkommene Lösungen bringen vollkommene Zufriedenheit. Das Bedauerliche ist:
— der Perfektionist haßt Halbheiten;
— der Perfektionist haßt halbe Wahrheiten;

— der Perfektionist haßt halbe Kontrollen;
— der Perfektionist haßt halbe Lösungen. Kompromisse sind für ihn immer faul und daher abzulehnen.

Was ist die Folge perfektionistischen Strebens?

— Wer ein überhöhtes Anspruchsniveau hat, wird oft seine eigenen Absichten und Ziele kaputtmachen;
— wer seine perfektionistischen Ziele nicht erreicht — und wann sind die schon zu erreichen? —, hat stets das Gefühl, ein Mensch 2. Klasse zu sein;
— wer seinem Perfektionismus keine Zügel anlegen kann, wird immer mit sich und dem Partner unzufrieden sein;
— wer Perfektionismus anstrebt, wird sich ständig in hohe Spannung und Angst versetzen;
— wer Perfektionismus anstrebt, wird die Ehe und Familie einem erheblichen Druck aussetzen;
— wer Perfektionismus anstrebt, will und muß anderen überlegen sein, gerät aber ständig in große Angst, sein Ziel zu verfehlen;
— wer Perfektionismus anstrebt, stellt viele Tätigkeiten und Hobbys wieder ein, weil er sie nicht zur *Meisterschaft* bringen kann. Dazu gehören: Klavierspielen, Malen, Tennisspielen, Schreiben, Reden usw.

Es gibt kein Gebiet des menschlichen Lebens, in dem der Perfektionismus nicht beheimatet sein kann. Tausend Dinge können perfektionistisch angestrebt werden;
— die Frisur,
— der Haushalt,
— die Mahlzeit,
— die Garderobe,
— eine bestimmte Arbeit,
— die Ehe,
— der Urlaub,
— ein Hobby usw.

Das Neue Testament macht uns im 1. Korintherbrief unmißverständlich darauf aufmerksam, was vom Perfektionismus in dieser Welt zu halten ist. Paulus formuliert im Hohen Lied der Liebe: „Denn *Stückwerk* ist unser Erkennen und Stückwerk unsere prophetische Redegabe. Und wenn das Vollkommene (oder die Vollendung) kommt, dann wird das Stückwerk ein Ende haben . . . Denn jetzt sehen wir in einem Spiegel nur unordentliche Bilder, dann aber von Angesicht zu Angesicht. Jetzt ist mein Erkennen nur Stückwerk, dann aber werde ich ganz erkennen" (1. Korinther 13, 9—12).

Das Vollkommene gibt es im Himmel. Die Perfektion gibt es, wenn Christus, der Vollkommene, wiederkommt. Unsere Sprache kennzeichnet die Lage treffend:

— „Hier auf dieser Erde wird mit Wasser gekocht."
— „Unser Tun und Lassen ist Stückwerk."
— „Unser Leben ist *begrenzt*."
— „Unser Sehen ist *undeutlich*."
— „Unser Wissen ist *bruchstückhaft*."

Wer mehr will, nimmt den biblischen Lagebericht nicht ernst. Er will die Hürde des Menschlichen und damit die Unvollkommenheit überspringen.

Unordnung macht mich verrückt

Frau Heinusch ist verheiratet mit einem Architekten. Sie wird 30 Jahre alt und hat zwei Kinder, eine 12jährige Tochter und einen 5jährigen Sohn. Sie ist die Perfektion in Person. „Bei ihr muß alles 120prozentig sein", sagt der Ehemann, „und das sind 20 Prozent zuviel!"

Ich: „Wie wirken sich diese 20 Prozent zuviel denn aus?"

Er: „Ihre Wohnung ist ein Ausstellungsstück für Besucher. Man darf schauen, aber nichts anfassen. Staub und Schmutz sind ihre persönlichen Feinde. Sie kämpft von morgens bis in die Nacht gegen die Schmutzfeinde."

Ich: „Und wie wird Ihre Familie damit fertig?"

Er: „Ich bin glücklich, wenn ich Überstunden habe oder ehrenamtliche Verpflichtungen. Einige Abende bin ich außer Haus. Von meiner Frau habe ich sowieso nichts. Die muß ja ihre ‚Feinde' besiegen."

Ich: „Und die Kinder?"

Er: „Die Tochter ist nach der Schule verschwunden. Sie spielt draußen. Sie hat viele Freundinnen, aber Kinder dürfen auf keinen Fall mitgebracht werden. Die könnten ja Schmutz mit ins Haus bringen. Auf Gäste können wir daher auch verzichten. Wenn ich nach Hause komme, ziehe ich die Schuhe schon vor der

Türe aus. Meine Frau hätte es am liebsten, wenn wir alle durch die Wohnung schwebten."

Herr Heinusch versucht, mit Galgenhumor Herr der Lage zu bleiben. Die Frau ist eine Gefangene ihrer perfektionistischen Züge. Der Junge ist verhaltensgestört, er sitzt still und unbeweglich auf dem Stuhl und regt keine Hand und keinen Fuß. Er könnte ja Unheil anrichten und die 120prozentige Ordnung durcheinander bringen. Der Mutter zuliebe hat er alle jungenhaften Züge abgelegt, verhält sich überangepaßt und wirkt lebensuntüchtig. Die Schwester weicht der perfektionistischen und zwanghaften Mutter aus, indem sie nach draußen drängt. In der Schule kommt sie gut mit, sonst dürfte sie auch nicht das Haus verlassen. Der Junge ist Mutters Augapfel und wird von ihr zur Marionette gemacht. Die Ehe ist schwer gestört, weil der Mann sich der *totalen* Kontrolle entzieht und seine eigenen Wege geht. Die Familie Heinusch ist ein anschauliches Beispiel, was Perfektionismus auf verschiedenen Gebieten anrichten kann.

Die Beratung ist eine Sisyphusarbeit. Inzwischen kommt die ganze Familie zu Gesprächen.

Die Frau arbeitet gut mit, weil sie erkannt hat,

— daß sie selbst völlig unglücklich ist,
— ihre Ehe vor dem Scheitern steht
— und ihr Lieblingskind so schwer gestört ist, daß seine Einschulung zunächst um ein Jahr verschoben wird.

Der Frau fällt es enorm schwer, die perfektionistischen Ziele herunterzuschrauben. In der zweiten Stunde konnte sie sagen: „Perfektionismus hält mein Leben zusammen. Unordnung macht mich verrückt."

Was Perfektionisten aller Schattierungen tun können, um sich zu ändern, soll der nächste Abschnitt verdeutlichen.

Was können Eheleute besser machen?

Was hilft ihnen, perfektionistisches Streben einzudämmen?

Der Mut zur Unvollkommenheit

Es ist keine Aufforderung

— zur Gleichgültigkeit,
— zu persönlicher Nachlässigkeit,
— zur Vernachlässigung mitmenschlicher Verpflichtungen.

Mut zur Unvollkommenheit meint:
- ☐ Schwächen vor uns selbst eingestehen zu können,
- ☐ Schwächen und Fehler anderer ertragen zu können,
- ☐ auf das Überspielen von Unvollkommenheiten zu verzichten,
- ☐ Unterlegenheitsansprüche gegenüber anderen Menschen abzubauen.

Mut zur Unvollkommenheit bedeutet: So, wie ich bin, bin ich *gut genug*. Ich bin nicht *sehr gut*, ich bin aber auch nicht schlecht. Ich bejahe mein Eigenleben, meine Fehler und Schwächen. Ich werde von Gott geliebt, der zu mir ja sagt mit allen meinen Mängeln und mir vergibt. Er macht mich gerecht und läßt mich so recht sein. Mann und Frau geben ihr Bestes und sind mit dem Ergebnis zufrieden. Sie akzeptieren ihre Schritte, sie legen ihre Hände nicht in den Schoß und rackern sich auch nicht ab wie Besessene. Ruhig und zufrieden arbeiten sie vor sich hin. Der *Mut* zur Unvollkommenheit lockert, die Angst vor Unvollkommenheit blockiert. Angst macht dumm. Darum kann das Vollkommenheitsstreben die Nerven strapazieren und die innere Unruhe verstärken. Wer den Mut zur Unvollkommenheit *einübt*, lernt,
- ☐ daß Fehler menschlich sind,
- ☐ daß Mängel keine Katastrophe bedeuten,
- ☐ daß man beim Partner sein darf, wie man ist, und nicht, wie man sein sollte,
- ☐ daß geringere Anforderungen das Eheklima verbessern.

Das Aushandeln von Kompromissen

Kompromisse sind keine Halbwahrheiten und keine Halbheiten. Kompromisse müssen nicht unehrlich sein. Die Bibel sagt in der Bergpredigt Jesu: „Euer Ja sei ein Ja, euer Nein ein Nein, alles andere kommt vom Bösen" (Matthäus 5, 7).
Das meint
- ☐ Wahrhaftigkeit und keine Unehrlichkeit,
- ☐ Klarheit und keine Unklarheit,
- ☐ Eindeutigkeit und keine Zweideutigkeit,
- ☐ Übereinkunft und keine faulen Lösungen

Korrektheit ist gut, Überkorrektheit ist neurotisch. Wer auf Hundertprozentigkeit angelegt ist, haßt in der Regel Kompromisse. Kompromisse haben bei vielen Menschen einen schlechten Ruf. Da sie Abstriche für beide Partner enthalten, werden sie als *faul* bezeichnet. Das ist falsch.
Kompromiß bedeutet eine Übereinkunft auf der Grundlage gegen-

seitiger Zugeständnisse. Beide Partner geben also nach. Ein Kompromiß stellt beide zufrieden. Vollkommene Lösungen sind in der Regel auf dieser Erde eine Illusion. Kompromisse sind Verhandlungsergebnisse,

— die keinen Partner einseitig belasten,
— die nicht auf den Rücken eines Partners abgeschoben werden,
— die tragfähige Lösungen für die nächste Zukunft gewährleisten.

Es sei denn, ein Partner hätte *resigniert* nachgegeben und seine Gefühle und seine Verbitterung für sich behalten. In einem solchen Fall spricht niemand von einem Kompromiß, sondern von einer unehrlichen Lösung. Kompromisse werden in vielen Gesprächen ausgehandelt, politische und diplomatische Auseinandersetzungen sind dafür ein beredtes Zeugnis. Entscheidend ist, daß am Schluß die beiderseitige Versicherung steht: Wir sind mit dem ausgehandelten Ergebnis zufrieden. Wer als Ehepartner Kompromisse bejaht, kann auf *vollkommene* Lösungen verzichten und fördert den Ehefrieden.

Der Vorsatz, aus größeren Fehlern kleinere zu machen

Wer Enttäuschungen produzieren will, nimmt sich vor, *keinen* Fehler zu machen. Das ist lobenswert, aber unmenschlich. Wer Verzweiflung erzeugen will, nimmt sich vor, *keine* Sünde mehr zu begehen. Das ist lobenswert, aber unchristlich. Sündlosigkeit aus eigener Kraft ist Hybris, ist Überheblichkeit. Sie kann nur in tiefste Verzweiflung führen, weil der Mensch zur Sündlosigkeit nicht in der Lage ist.

Wer darum seinem Partner, seinen Kindern oder sich selbst das Versprechen abnimmt, *nie wieder* einen Fehler zu begehen, überfordert alle. Wir kennen die Redensart: „Man soll nie nie sagen." Das ist richtig.

Fehler machen ist menschlich. Wir nehmen uns daher vor, aus größeren Fehlern kleinere zu machen. Das ist hilfreich, und wir gehen dabei barmherzig miteinander um. Die „Politik der kleinen Schritte" gilt auch für die Erziehung und den Umgang unter Eheleuten. Ein Fehlverhalten, das wir viele Jahre praktiziert und eingeübt haben, können wir nicht von heute auf morgen ablegen wie ein altes Kleid. Verhaltensmuster gehören zu unserer Persönlichkeit. Sind sie fehlerhaft und zerstörend, brauchen wir viel Geduld, um die Fehler zu *verkleinern*. Nehmen wir uns zuviel vor, erreichen wir gar keine Kurskorrektur. Dieses Entweder-Oder beobachten wir im zwischenmenschlichen Leben leider sehr häufig. Wir haben an anderer Stelle über die Entweder-Oder-Problematik gesprochen. Je radikaler wir eine Lösung anstreben, desto eher verzichten wir auf kleine Schritte der Verbesserung, weil uns die Fehlerlosigkeit nicht gelungen ist.

FRAGEN ZUR SELBSTPRÜFUNG

Neige ich in meinem Verhalten, in meiner Kleidung, im Haushalt, in der Wohnung oder im Beruf zum Perfektionismus?

Gibt es Menschen in meiner Familie, die daran Anstoß nehmen?

Wie gehe ich auf die Kritik meiner Angehörigen ein?

Rechtfertige ich mein Verhalten, und mit welchen Begründungen?

Sind diese Rechtfertigungen meine tiefste Überzeugung, oder kommen sie daher, daß ich nicht bereit bin, meine perfektionistischen Züge aufzugeben?

Was will ich mit Perfektionismus erreichen?

Benutze ich ihn, um besser, moralischer, sauberer und vollkommener als andere zu sein?

Benutze ich ihn, um einen Ausgleich für meine eigenen Minderwertigkeitsgefühle zu haben?

Benutze ich ihn, um meinen Partner zu kritisieren, der meinen Höchstansprüchen nicht gerecht wird?

Gehe ich auch mit perfektionistischen Wünschen an meinen Lebenspartner heran?

Habe ich mir einmal einen vollkommenen Partner gewünscht?

Wenn ich den „Mut zur Unvollkommenheit" bejahe: An welcher Stelle will ich beginnen, neue Umgangsmuster einzuüben?

Bin ich bereit, Unvollkommenheit zu wagen und unvoreingenommen das Echo aufzunehmen?

Welche Tätigkeiten und Hobbys habe ich an den Nagel gehängt, weil ich es nicht zur Vollkommenheit bringen konnte?

Kann es sein, daß ich sogar Schulausbildung und berufliche Tätigkeiten deswegen aufs Spiel gesetzt habe?

Literaturverzeichnis

1 Rudolf Dreikurs, Soziale Gleichwertigkeit. Stuttgart 1972, S. 257

2 Jörg Zink, Was bleibt, stiften die Liebenden. Stuttgart, 3. Aufl. 1980, S. 113 – 115

3 Eric Berne, Spiele der Erwachsenen. Hamburg 1970, S. 14 – 15

4 Erik Blumenthal, Wege zur inneren Freiheit. München 1972, S. 140

5 Lucien Jerphagnon, An unerträglichen Tagen. Graz-Wien-Köln, 10. Aufl. 1969

6 Jörg Zink, Was bleibt, stiften die Liebenden, S. 243 – 244

7 Jörg Zink, Was bleibt, stiften die Liebenden, S. 52 – 53

8 Prof. Dr. Keil, der ehemalige Leiter der Evangelischen Hauptstelle für Ehe- und Familienfragen in der Rheinischen Kirche, in einer Predigt über das 2. Gebot.

9 Alfred Ziegner, Wenn du nicht wärst. Kassel 1981, S. 90 – 91

10 Thomas Gordon, Familienkonferenz. Hamburg 1972, S. 157

11 Friso Melzer, Das Wort in den Wörtern. Tübingen 1965, S. 67

12 Aaron T. Beck, Wahrnehmung der Wirklichkeit und Neurose. München 1979, S. 213

13 Aaron T. Beck, Wahrnehmung der Wirklichkeit und Neurose. S. 214

14 Erik Blumenthal, Verstehen und verstanden werden. München-Luzern 1977, S. 45 – 47

15 Albert Ellis, Die rational-emotive Therapie. München 1977, S. 56 – 57

16 Arnold Lazarus/Allen Fay, Ich kann, wenn ich will. Stuttgart, 3. Aufl. 1979, S. 19 – 20